Schwarzwald

EDWINE BOLLMANN

Schwarzwald

KOMET

Einleitung	6
Entlang der Badischen Weinstraße	10
Die Ortenau – Das Breisgau – Das Markgräflerland	
Baden-Baden und die Schwarzwald-Hochstraße	46
Die Bäderstraße und der östliche Schwarzwald	68
Die Schwarzwald-Bäderstraße – Die Deutsche Uhrenstraße – Rottweil	
Der südliche Schwarzwald	88
Auf den Gipfeln des Südschwarzwaldes – Freiburg	

◀ **Weinfelder bei Ortenberg** mit Schloss Ortenberg im Hintergrund. Das Schloss im neogotischen Stil dient heute als Jugendherberge.

SCHWARZWALD

Einleitung

Der Schwarzwald – unweigerlich entstehen vor dem geistigen Auge Bilder von Kuckucksuhren, Schwarzwälder Kirschtorte und freundlichen Damen mit Bollenhüten, von hübschen Schwarzwaldhäusern mit roter Geranienpracht auf den hölzernen Balkonen, umgeben von dunklen Tannenwäldern. Aber der Schwarzwald hat als vielseitige Kulturlandschaft durchaus mehr zu bieten.

200 Kilometer lang und bis zu 60 Kilometer breit erstreckt sich das bewaldete deutsche Mittelgebirge, das im Westen an Frankreich und im Süden an die Schweiz grenzt.

▶ **Bauernhaus nahe St. Märgen** im Naturpark südlicher Schwarzwald, nur 20 Kilometer von Freiburg entfernt

Diese Lage ist durchaus fruchtbar, beispielsweise für die badische Küche, die – eher bodenständig – von französischen und schweizerischen Einflüssen profitiert und das so gut zu nutzen weiß, dass auch die Tester von Michelin und Gault Millau das oftmals zu würdigen wissen. In Verbindung mit den Weinen, die entlang der Badischen Weinstraße durch das spezielle milde Klima bestens gedeihen, ist der Schwarzwald aus Sicht eines Gourmets nahezu unschlagbar.

Aber es gibt noch zahlreiche weitere Anreize, den Schwarzwald zu besuchen. Je nach Schwerpunktinteressen haben die Marketingstrategen verschiedene Strecken für Besucher ausgearbeitet. Wer in erster Linie der Gesundheit zuliebe verreist oder sich einer Kur unterziehen will, der sollte als Ziel die Bäderstraße im nördlichen Schwarzwald ins Auge fassen. Hier hat die Natur es mit heißen und mineralhaltigen Quellen gut gemeint. In vielen Heil- und Kurbädern wird das kostbare Wasser für gesundheitliche und Wohlfühltherapien eingesetzt. Alte Badetempel und neue Wellnessoasen buhlen um die Gunst der Gäste. Wander- und Radwege sorgen für Bewegung in heilklimatischer Luft.

Die Schwarzwald-Hochstraße war eine der ersten ausgebauten Touristenstraßen in Deutschland. Mit ihren vielen Panoramaaussichten über Wälder und Täler bietet sie nicht nur viele Fotomotive, sondern mit Bergen, Seen und Hochmooren auch eine abwechslungsreiche Landschaft für vielerlei Freizeitvergnügen. Winter- und Wassersportler sind hier ebenso gut aufgehoben wie Wanderer, Radler und Naturfreunde.

Das Gleiche gilt auch für den südlichen Schwarzwald mit den Wintersportgebieten, allen voran dem Feldberg als höchstem Berg des Schwarzwaldes. Ob Skiabfahrts- oder

EINLEITUNG

Langlauf, ob Rodeln oder Eisstockschießen, Snowboarden, Carven oder Schneeschuhwandern – es ist für jeden etwas dabei.

Historisch Interessierte besuchen die vielen Burgen, Schlösser und Museen am Wegesrand. Wer gern feiert, tut das beim Après-Ski, auf volkstümlichen Festen oder bei der Narrenfastnacht, die in jedem Ort ihre ganz speziellen Eigenheiten hat. Städtereisende wiederum finden in Baden-Baden und Freiburg ein großes Erlebnispotential.

▲ **Die Herbstnebel im Höllental** geben dem Wald eine zauberhafte Atmosphäre.

Schwarzwald – Zahlen und Fakten

Fläche:	ca. 6.000 km²
Länge:	ca. 200 km
Breite	ca. 30 bis 60 km
Größte Stadt:	Freiburg, ca. 200.000 Einwohner
Höchste Erhebung:	Feldberg, 1.493 Meter
Größter See:	Schluchsee
Wirtschaft:	feinmechanische und chemisch-pharmazeutische Industrie, Landwirtschaft (Holz- und Milchwirtschaft, Wein- und Obstanbau)
1807	erstes Luxushotel Europas, „Badischer Hof", in Baden-Baden eröffnet
1838	erste deutsche Spielbank von Jacques Bénazet in Baden-Baden eröffnet
1881	erster deutscher Tennisclub in Baden-Baden gegründet

EINLEITUNG

◀ **Kirschblüte** im Rheintal

| SCHWARZWALD

Badische Weinstraße

◀ **Durch den Anbau auf Terrassen** bekommen alle Reben ein Optimum an Sonne.

„Badischer Wein – von der Sonne verwöhnt", dieser Werbeslogan ist einem im Blut, etwa wie „eisgekühlte Coca-Cola". Gutes Marketing! Ob die Sonne tatsächlich so oft scheint und der Wein wirklich so gut ist, das kann in Erfahrung bringen, wer der Badischen Weinstraße von Baden-Baden über Offenburg Richtung Lörrach folgt. Wer die Landschaften der Ortenau, des Kaiserstuhls, Breisgaus und Markgräflerlandes, die im Schatten der Schwarzwaldberge in der Rheinebene liegen, erkundet.

Die Ortenau

Südwestlich von Baden-Baden erstreckt sich zunächst das Rebland mit seinen drei Gemeinden Steinbach, Varhalt und Neuweier. Über ihnen thront die Ruine der Yburg 514 Meter hoch auf dem Yberg, von wo man einen erhabenen Blick über die Rheinebene und die Weinanbaugebiete hat. Die Burgruine wird gern als Kulisse für kulturelle Veranstaltungen genutzt. Auf den etwa 325 ha Rebfläche der drei Gemeinden wird vorwiegend Riesling angebaut, der in sonniger Hanglage hier auf Granit, Porphyr, Buntsandstein und Mergel optimale Bedingungen findet. Überall laden Gasthöfe und auch Spitzenrestaurants zu Gaumenfreuden ein. In Steinbach kann man sich im Rebland-Heimatmuseum, einem Haus in barocker Fachwerkbauweise, über die Region informieren oder die mittelalterliche Stadtmauer erwandern. In Neuweier lädt das Schloss zur Besichtigung ein. Der ehemalige Besitzer erwarb 1785 das Privileg, den Wein, wie in Franken, in bauchigen Bocksbeutelflaschen abfüllen zu dürfen. Das Schlossrestaurant bietet neben stilvollem Ambiente französisch-badische Küche.

Weiter geht es Richtung Bühl. Links und rechts der Strecke liegen Weinberge, die von Obstplantagen unterbrochen werden. Die Bühler Frühzwetschgen, die schon ab Juli angeboten werden, werden im September beim „Bühler Zwetschgenfest", einem traditionellen Trachtenfest, gebührend gefeiert. In Bühlertal, etwa fünf Kilometer entfernt, führt ein 1,7 Kilo-

◀ **Blick vom Weinberg** auf das Winzerstädtchen Endingen

meter langer Weinlehrpfad durch das Rebgebiet am Grenisberg. In der Umgebung gedeiht ein Spätburgunder mit dem Namen „Affentaler". Im Ort Ottersweier trifft man auf die sehenswerte Wallfahrtskirche Maria-Linden.

▶ „Hex vom Dasenstein", ein blauer Spätburgunder aus der Ortenau, ist einer der edelsten Weine dieser Region.

Die Weinstraße schlängelt sich weiter durch die Ortenau über Lauf, wo eine der ältesten erhaltenen Weinkeltern Deutschlands im Trotthaus des Alsenhofs zu finden ist. Die Presse aus massiven Eichenholzelementen wiegt etwa 15 Tonnen.

Jetzt geht's nach Sasbachwalden, einem Luft- und Kneippkurort zu Füßen der 1.164 Meter hohen Hornisgrinde, herausgeputzt zu einem kleinen Bilderbuchparadies mit seinen blumengeschmückten Fachwerkhäusern inmitten der Weinberge. Hier serviert man den Spätburgunder „Alde Gott". Freitags ist Schnapsprobe in der Teufelsküch-Brennerei, und wer dann noch gerade stehen kann, macht sich auf zum 760 Meter hoch gelegenen Brigittenschloss, im 12. Jahrhundert als Burg Hohenrode erbaut. Nur zwei Kilometer oberhalb von Sasbachwalden trifft man auf die strohgedeckte Straubenhofmühle mit einem Wasserrad. Das nahe Ottenhöfen ist als Mühlendorf bekannt. Hier klappern die Mühlen an rauschenden Bächen, und bei mancher kann man ein knuspriges Holzofenbrot erstehen.

Der nächste Ort, Kappelrodeck, wo man auch eine Fahrt mit der Museumsbahn nach Achern wagen kann, bietet mit der Burg Rodeck, einer auf das 11. Jahrhundert zurückgehenden Festung, einen weiteren überwältigenden Ausblick über die Anbaugebiete des „Kappelberg" und „Hex vom Dasenstein", zwei edelste Rotweine.

Durch malerische Weindörfer geht es weiter nach Oberkirch. Das Städtchen ist bekannt als Ort der Obstbrennereien. Etwa 900 Hausbrennereien sollen sich hinter den schönen Fachwerkfassaden, viele aus dem 18. Jahrhundert, verbergen. Kirschen, Zwetschgen oder Mirabellen werden hier zu Wässerle gebrannt. Ebenso hat sich der Ort zum größten Erdbeermarkt Deutschlands entwickelt. Beim Renchtaler Weinfest Anfang September geht es dann zur Sache. Es werden bis zu 50 Sorten Renchtaler Wein ausgeschenkt. Hoch über der Stadt thront die Schauenburg, in der einst Johann

BADISCHE WEINSTRASSE

Jakob Christoffel von Grimmelshausen, der Verfasser des „Simplicissimus", als Verwalter tätig war.

Der Weinort Durbach mit dem markgräflichen Weingut Schloss Staufenberg, wo im August das Burgfest stattfindet, präsentiert sich mit malerischen Giebelhäusern. Im Skulpturenpark wandelt man zwischen zahlreichen Kunstwerken aus Marmor, Granit, Sandstein oder Metall. An den Hängen wird der Weißwein „Cevner" kultiviert, und im Heimatmuseum kann man einiges zum Weinbau erfahren, ehe es weiter nach Offenburg geht.

Offenburg ist mit etwa 58.000 Einwohnern das Zentrum der Ortenau. Der Burda-Verlag, die Beiersdorf-Tochter Tesa und der Bonbonhersteller Vivil sind die großen Arbeitgeber. Der Burda-Verlag, der mit der Zeitschrift „Bunte" und Aenne Burdas Modejournal mit den legendären Schnittmusterbögen den Nerv der Nachkriegszeit traf, beschäftigt heute über 7.000 Mitarbeiter. Das Ambiente der Stadt ist geprägt von den Bauten aus dem 18. Jahrhundert, wie dem schmucken Rathaus, der Einhorn-Apotheke, dem Königshof (heute ein Verwaltungsgebäude), dem Ritterhaus (heute das Stadtar-

◀ Die pittoreske **Engelgasse** in Gengenbach mit ihren blumengeschmückten Fachwerkhäusern lockt viele Touristen an.

chiv) und dem Vinzentiushaus (heute ein Altenheim). Sehenswert ist auch das Judenbad aus dem 14. Jahrhundert, eine unterirdische Anlage für rituelle Waschungen.

▶ Die Einhornapotheke mit dem Neptunbrunnen ist die optimale Kulisse für einen entspannten Kaffeeklatsch.

Urbaner Mittelpunkt ist der Fischmarkt mit dem Löwenbrunnen inmitten der Einkaufszone. Die Hirschapotheke mit der bemalten Fassade und einem repräsentativen Stufengiebel lenkt die Blicke auf sich. Zum Relaxen geht man in den Zwingerpark, der sich am Mühlbach und an der Stadtmauer entlangzieht und als eine der schönsten Parkanlagen Mittelbadens gilt. Die Kultur findet in Offenburg weitestgehend in einer ehemaligen französischen Kaserne statt, auf deren Areal Stadtbibliothek, Musikschule, Kunstschule und KiK – Kunst in der Kaserne –, Städtische Galerie und Kunstverein ihren Standort haben. Seit 2000 gibt es hier die Reithalle, ein multifunktionales Theater- und Konzerthaus. „Freiheit – männlich/weiblich", eine 20 Meter hohe Aluminiumskulptur des Amerikaners Jonathan Borofsky, dominiert den Platz der Verfassungsfreunde im Kulturforum. Sie soll an Offenburgs Rolle in der deutschen Demokratiebewegung erinnern, gestiftet wurde sie von Aenne Burda. Ein weiterer attraktiver Veranstaltungsort ist seit 2008 die Neue Oberrheinhalle auf dem Messegelände an der Kinzig. Aber die Offenburger feiern auch gern unter freiem Himmel: im Juni das Open-Air-Konzert „Sommer-Klassik" im Bürgerpark, seit 2002 im Juli „Sabor de Samba", ein dreitägiges Festival mit lateinamerikanischen Rhythmen, und das Ortenauer Weinfest, immer am letzten September-Wochenende auf dem Marktplatz.

Beim Thema Wein kommen wir wieder auf die Weinstraße, Richtung Gengenbach. Die mittelalterlich anmutende Kleinstadt beeindruckt mit ihren vielen schmucken Fachwerkhäusern, die oftmals einen eigenen Weinkeller vorweisen können. Mittelpunkt ist der Röhrenbrunnen von 1582 auf dem Marktplatz. Viele Lokale und Weinstuben sorgen im Stadtbild für Gemütlichkeit und Lebensfreude. Besonders sehenswert ist die Engelgasse. Die Narren der Stadt haben sich im Niggelturm der alten Stadtbefestigung aus dem 13. Jahrhundert mit dem Narrenmuseum ein Denkmal gesetzt. 1982 eingerichtet, zeigt es auf sieben Stockwerken die Kuriositäten der Gengenbacher Fasend (Fastnacht). Eine Multimedia-Show erweckt das bunte Treiben auch außerhalb der närrischen Tage zum Leben. Immer wieder schön ist der Ausblick von der obersten Etage auf Schwarzwald und Kinzig. Sehenswert ist auch das Flößermuseum, zeigt es doch die Lebensumstände eines Berufsstandes, der jahrhundertelang für den Schwarzwald typisch war. Dem zweiten dominanten Berufszweig der Region, dem der Winzer, kann man auf zwei Weinlehrpfaden näherkommen.

SCHWARZWÄLDER SPEZIALITÄTEN

Schwarzwälder Schinken mit gebratenen Steinpilzen, Ziegenkäse im Schwarzwälder Schinkenmantel, Schwarzwälder Schinkenrisotto ... Wer kann da widerstehen?

Der Schwarzwälder Schinken ist untrennbar mit dem Schwarzwald verbunden. Diese ausschließlich in dieser Mittelgebirgsregion produzierte Spezialität ist eines der beliebtesten regionalen Lebensmittel Deutschlands. Schon bei der Auswahl der Schweine wird streng auf Qualität geachtet. Kontrollierte Haltung und Fütterung sowie festgelegte pH-Werte und ein bestimmter Fettgehalt des Fleisches sind obligatorisch. Die Trockenpökelung erfolgt nach überlieferten Rezepten. Die Schinken werden mit einer Mischung aus Kochsalz, Pökelsalz, Wacholderbeeren, Pfefferkörnern, Knoblauch und Koriander einzeln eingerieben, bevor sie nach drei bis vier Tagen Feuchtigkeit verlieren und etwa zwei bis drei Wochen in dieser Lake liegen. Nach diesem Vorgang werden die Schinken durch Kalträucherung in speziellen, gemauerten Schwarzwaldkaminen haltbar gemacht. Tannenreisig, Tannenholz und Tannensägemehl, geschichtet und zum Glimmen gebracht, verleihen dem Fleisch das ganz spezielle Aroma. Auch dieser Vorgang braucht zwei bis drei Wochen, dann reift der Schinken in

besonderen Klimaräumen noch einmal etwa drei Wochen nach. Die spezielle Höhenlage von etwa 800 Metern soll den Reifungsprozess durchaus beeinflussen. Na, dann fehlt ja nur noch ein guter Tropfen!

Da bietet sich als Digestif ein Obstbrand an. Im milden Klima des Nordschwarzwalds, des Markgräflerlands, am Kaiserstuhl und am Oberrhein gedeihen Mirabellen, Zwetschgen, Kirschen, Him- und Brombeeren besonders gut. Das nutzen die etwa 14.000 Brennereien im Schwarzwald, um ihre hochprozentigen Spezialitäten zu produzieren. Allein im Städtchen Oberkirch pflegen 891 Hausbrennereien in guter Tradition das 1726 erhaltene Recht zur Destillation und tragen beispielsweise zum Ruhme des weit über die Landesgrenzen hinaus geschätzten Schwarzwälder Kirschwassers bei. Grundlage hierfür sind schwarze Schnapskirschen – spezielle Süßkirschen aus gebirgigen Lagen, die kleiner, zuckerhaltiger und aromatischer sind als andere Sorten. Zum Brennen von 1 Liter Kirschwasser werden 10 Liter Kirschen benötigt. Erfahrung und Geschmackssensibilität des Brennmeisters entscheiden über den Erfolg des Destillationsvorganges. Besondere Qualitäten werden in Eschenholzfässern gelagert. Dadurch erhält das Kirschwasser trotz seiner mindestens 45 Prozent Alkohol einen besonders milden Geschmack. Wer den köstlichen Obstbrand nicht nur trinken, sondern alles über ihn wissen will, der ist in der Schnapsakademie in Oberkirch zum Schnapskurs mit Verkostung willkommen. Auch der erste Schnapslehrpfad Europas wurde hier etabliert. Des Weiteren laden Schnapskesselschmieden, Brennereien und nicht zuletzt der Schnapslehrgarten Wissbegierige zu Besuchen ein.

Um all diese Eindrücke sacken zu lassen, sollte man am besten zu einem schönen Stück Schwarzwälder Kirschtorte in eine gemütliche Konditorei einkehren. Da kann man es nämlich auch herausschmecken, das edle Schwarzwälder Kirschwasser, zwischen all den dunklen Biskuitböden, den Kirschen, der Sahne und den Schokoladenraspeln. Kein Wunder, dass diese Torte den Siegeszug um die Welt angetreten hat!

SCHWARZWALD

▶ **Ettenheim** mit seiner denkmalgeschützten Altstadt gilt als beliebtes Ausflugsziel.

Und bei so viel Wein wird in Gengenbach natürlich auch gern gefeiert. Ob Kultursommer, Altstadtfest, Kräuterbüschelweihe, Wein- oder Kürbisfest – die Stimmung ist immer grandios. Und zu Weihnachten setzt der weltgrößte Adventskalender mit Motiven weltbekannter Künstler immer wieder Maßstäbe.

Das Örtchen Lahr, eingebettet in Weinberge, hat sich den Blumen verschrieben. Veranstaltungen wie das Tulpenfest, der Rosenabend oder im Spätherbst die Chrysanthema, Deutschlands größte Blumenschau, bezeugen das. Vermutlich sind sie als Kontrapunkte zur örtlichen Industrielandschaft zu verstehen. Die Papier- und Metallverarbeitung sind die wichtigsten Industriezweige der Stadt. Auch der 100 Jahre alte Stadtpark wird gern angepriesen.

Ettenheim, die nächste Station an der Weinstraße, wartet mit einer denkmalgeschützten Altstadt auf. Die folgende Rheinauenlandschaft ist als Naturschutzgebiet Taubergießen bekannt und zieht sich bis über die französische Grenze. Das circa 1.700 ha große Gebiet aus Wald und Wiesen beherbergt viele seltene Pflanzen, so beispielsweise 22 wilde Orchideenarten. Wanderwege erschließen den Naturpark: Der Schmetterlingsweg ist 2 Kilometer lang, Orchideen- und Kormoranweg führen 6,5 bzw. 6 Kilometer durch die Lebensräume vieler – zum Teil vom Aussterben bedrohter – Pflanzen- und Tierarten, und der Gießenweg bietet die Alternative, über 3,5 bis 8 Kilometer eines der „letzten Paradiese in Deutschland", wie die Einheimischen es gern nennen, zu erkunden. Außerdem gibt es die Möglichkeit, das urwüchsige Naturrevier von den Flachkähnen der alteingesessenen Fischer aus zu betrachten und sich von der seltenen Flora und Fauna verzaubern zu lassen.

Die Weinstraße schlängelt sich weiter zwischen Obst- und Weingärten über Herbolzheim, dessen Stadtbild von Fachwerkhäusern aus dem 16. und 17. Jahrhundert und von prächtigen Bürgerhäusern aus dem späten Barock und der Zeit des Frühklassizismus geprägt ist.

▲ **Mit dem Fischerkahn** kann man in Taubergießen die Natur erkunden und in urwaldähnlichen Auwäldern so manche Entdeckung machen.

BADISCHE WEINSTRASSE

Das Breisgau

Nach Kenzingen, mit seinem denkmalgeschützten Stadtkern, ist es nicht weit. Wie in vielen anderen Gemeinden dieser Region steht auch hier die Narrenzunft im Mittelpunkt des Interesses. 200 Narrengruppen mit fantasievollen, bunten Häs – das sind die Gewänder – und wunderschönen, geschnitzten Masken sind in einem Museum nahe dem Rathaus ausgestellt.

Das alte Winzerstädtchen Endingen hat dagegen neben seinen schönen Gebäuden im historischen Stadtkern auch eine Reihe von sehenswerten Brunnen aufzuweisen, die schon die ehemalige Freie Reichsstadt gebührend schmückten. Schöpf-, Zieh- oder Röhrenbrunnen begründen in Endingen eine nette Weihnachtstradition: Am Heiligen Abend, nach der Messe, treffen sich die Bürger an den Brunnen, um Weihnachtslieder zu singen. Zum Schlagen der Kirchturmuhr um Mitternacht wird in mitgebrachte Weinkrüge Brunnenwasser abgefüllt. Mit dem dann als „Heiliwog" – heiliges Wasser – bezeichneten Nass wird zu Hause mit einem entsprechenden Spruch die Wohnung gesegnet.

Freitags um 18 Uhr startet am Marktplatz die „Gässliwanderung", auf der man sicher auch auf den einen oder anderen Brunnen trifft. Mit den Dörfern Amoltern, Kiechlinsbergen und Königschaffhausen gilt Endingen als eine der größten Weinbaugemeinden in Baden. Besucher können sich auf verschiedenen Veranstaltungen ein eigenes Bild von den edlen Tropfen machen. „Kellergeschichten" führen durch alte Weinkeller der Stadt, Weinprobe inklusive. Mit dem historischen „Rebenbummler", einem Museumszug mit Waggons von 1882, kann man eine romantische Fahrt durch Dörfer, Weinberge und Obstplantagen erleben, die sich mit einem Viertele aus dem Barwagen noch schöner gestaltet. Etwas moderner wird es beim „Abenteuer Hohlgassen", einer Unimog-Fahrt zum Naturschutzgebiet „Amolterer Heide" mit anschließender Führung durch die Weinberge und Kellerei – natürlich mit Sekt- und Weinprobe!

Ganz weinselig gelangt man dann wie von selbst weiter nach Vogtsburg am Fuße des Kaiserstuhls, in die wärmste und sonnenreichste Gegend Deutschlands. Vogtsburg ist mit seinen sieben Winzergemeinschaften und einer Rebfläche von 1.450 ha die größte Weinbaugemeinde Baden-Württembergs. Im Ortsteil Achkarren bietet ein Weinbaumuseum allerlei wissenswerte Informationen zum Winzerberuf und zum Werdegang des Weins. Den alten Ortskern schmückt eine uralte Weinpresse. Gegenüber der Winzergenossenschaft Achkarren beginnt ein geologischer Weinpfad. 30 Informationstafeln sind entlang des 2,4 Kilometer langen Weges aufgestellt. Urige Straußwirtschaften laden überall in der Region zum Schlotzen ein, soll heißen: Ausschänke, die mit einem Zweig (Strauß) kenntlich gemacht sind – der steht für eigenen, neuen Wein –, laden zum genüsslichen Trinken ein. Ein besonderes Erlebnis ist die Weinprobe im alten Gemäuer

▶ **Ein Blick durch die Weinreben** auf die weite Hügellandschaft des Kaiserstuhls

des Schwendi-Kellers, wo an einer Rittertafel zu Wein und regionalen Köstlichkeiten alemannische Anekdoten zum Besten gegeben werden. Danach kann man sich einem Rundgang mit dem Nachtwächter anschließen, um noch mehr über Land und Leute in Erfahrung zu bringen.

Der Kaiserstuhl und der benachbarte Tuniberg überragen die Oberrheinische Tiefebene westlich von Freiburg. Die höchsten Erhebungen des Kaiserstuhls sind der Totenkopf mit 558 Metern und der Neunlinden mit 556 Metern, die vor etwa 15 Millionen Jahren durch die Eruption vermutlich mehrerer Vulkane entstanden sind. Obstplantagen und Weinterrassen profitieren von dem fruchtbaren vulkanischen Lösslehmboden, der in Verbindung mit dem fast schon mediterranen Klima erstklassige bukettreiche und vollmundige Weine hervorbringt. Über 50 Prozent der Anbaufläche nehmen Burgunderweine ein, gefolgt von den Rebsorten Müller-Thurgau und Silvaner. Neben Wein und Obst begünstigt der fruchtbare Lössboden auch das Wachstum vieler seltener Pflanzen und bietet damit auch zahlreichen Tieren einen ganz besonderen Lebensraum.

Beispielhaft dafür ist das Naturschutzgebiet zwischen Oberbergen und Alt-Vogtburg mit seinen weitläufigen Trockenrasenflächen, auf denen sich bis zu 35 Orchideenarten, über 700 Schmetterlings- und etwa 1.400 Käferarten wohlfühlen, wo aber auch Gottesanbeterinnen und Smaragdeidechsen zu finden sind und wo der Bienenfresser, ein farbenprächtiger Vogel, der in Lösswänden seine Bruthöhlen baut und sich hauptsächlich von Bienen ernährt, seine Kreise zieht. Eine Vielfalt seltener Bäume ist im Liliental bei Achkarren zu bewundern. Ebenso trägt die Auenlandschaft des Rheins zur Vielfalt der Natur bei. Die Gegend um den Tuniberg ist für Mais- und Spargelanbau bekannt. Zur Erkundung all dieser Schätze der Natur bieten sich rund um den Kaiserstuhl 400 Kilometer Wanderwege und Themenpfade sowie der Kaiserstuhl-Radwanderweg an.

Auf der Weinstraße geht es weiter nach Breisach, dessen Münster St. Stephan schon von Weitem die Blicke fesselt. Das Städtchen hat

◀ Die Weinterrassen bei Vogtsburg schauen überall der Sonne entgegen. Sieben Winzergemeinschaften arbeiten hier.

sich trotz schwerer Verwüstungen, zuletzt im Zweiten Weltkrieg, sein mittelalterliches Flair bewahrt, und im Münster ist manch kunsthistorischer Schatz zu entdecken. Wer Stadtgeschichte schnuppern will, geht ins Museum im Rheintor von anno 1670, am Fuß des Münsterberges. Zum Thema Wein ist der Badische Winzerkeller, die größte Erzeugerweinkellerei Europas, prominent. Ein kleines Bähnle lädt ein zur Fahrt durch die Kellerlandschaft mit sehenswertem Holzfasskeller. Auch die Privatsektkellerei Geldermann ist hier ansässig und öffnet ihre Gewölbe aus dem 15. Jahrhundert gern für Besucher. Eine Entdeckungstour

| SCHWARZWALD

durch Breisach ist durch ein europäisches Förderprogramm besonders komfortabel: Man bummelt nach einem reich bebilderten Prospekt durch die Stadt und findet an den besonders sehenswerten Punkten Informationstafeln aus emailliertem Lavastein, illustriert mit historischen Abbildungen und in drei Sprachen. Verschiedene Schiffsfahrten durch Hafenanlagen, Schleuse und auf dem Rhein bieten dann wieder ganz andere Aussichten.

▲ **Das St. Stephansmünster** mit dem zur aufgehenden Sonne ausgerichteten Chor dominiert Breisach.

◄ **Ein Strauß aus heimischen Kräutern** wird zur Weihe in die Kirche getragen – ein schöner Brauch in Gengenbach.

BI UNS CHA ME AU ALEMANNISCH SCHWÄTZE

Wer den Schwarzwald bereist, steht oft vor einer immensen sprachlichen Herausforderung, denn ein nicht unerheblicher Teil der südbadischen Bevölkerung spricht Alemannisch.

Diese heute gesprochene Mundart ist das Resultat eines langen Entwicklungsprozesses. In Deutschland ist Alemannisch in Teilen von Baden-Württemberg und Bayern verbreitet, grenzüberschreitend auch in Teilen von Österreich, der Schweiz und im Elsass.
Die Historie der Alemannen ist nicht wirklich erforscht. So wird vermutet, dass sich Sprachreste der Kelten und Galloromanen von eingewanderten germanischen Siedlern durch französische, italienische und sogar hebräische Einflüsse zum heutigen Sprachgebrauch weiterentwickelt haben.

Mannigfaltige regionale Nuancen machen es für Urlauber nicht einfacher, sich mit diesem charmanten, wenn auch eigenwilligen Dialekt anzufreunden. Der einfachste Einstieg in Sprache und Brauchtum scheint die Teilnahme an der Alemannischen Fastnacht.

Fortgeschrittene wagen sich schon mal zu einer Theateraufführung der Alemannischen Bühne in Freiburg oder der Theatergruppe Rümmingen, nahe Lörrach, die die alemannische Mundart in Lustspielen zelebrieren.
Hier einige Begriffe des ganz gewöhnlichen Alltags, die Sie bestimmt schon immer wissen wollten:

Salli, Guete Dag = Guten Tag
Gaschdhuus = Gasthaus
Beiz = Wirtschaft
Vierdele = Viertelliter Badischer Wein
Krummbeere = Kartoffel
Bachemogge = gebackene Kartoffel
Brägele = Bratkartoffeln
Zvieri = Nachmittagsvesper
Obeneh = Abendbrot

Chääs = Käse
Nochspis = Dessert
Huuschdegutzele = Hustenbonbon
Bettmümpfeli = Betthupferl
Förchlibutz = Angsthase
Gäggili = Einfaltspinsel
Ducklimuuser = Feigling
Bajass = Zappelphilipp
Ploggoascht = Quälgeist

Krämle = Mitbringsel
Schmöggi = Parfüm
Babbedeggel = Führerschein
Schlabbe = Schuhe
Narretei = närrisches Treiben

Na dann adee.

| SCHWARZWALD

Das Markgräflerland

Einige Kilometer weiter wartet Bad Krozingen mit seinen kohlensäurehaltigen Thermalquellen auf Gäste. Seit 1911 bieten die warmen Quellen Wellness und aktivieren die Körperkräfte gegen Herzkrankheiten und Rheuma. Das Thermalbad „Vita Classica" bietet ein breites Wohlfühlprogramm, darunter das Japanische,

▶ Die Rebhäuschen inmitten der Weinberge – hier nahe Niederweiler – dienen zum Unterstellen von Werkzeugen und als Wetterschutz. Von Wanderern werden sie gerne als Rastplatz angesteuert.

Indische und Türkische Bad. Die Quellen haben die höchste Kohlensäurekonzentration in ganz Europa. Der kulturelle Mittelpunkt ist sicher das kleine Renaissanceschlösschen der Stadt:

Sein Obergeschoss beherbergt eine Sammlung von rund 50 historischen Tasteninstrumenten. Einige von ihnen kommen bei den beliebten Schlosskonzerten gelegentlich zum Einsatz. Der Kurpark wird in den Sommermonaten gern als Freilichtbühne für Klassik-, Rock- oder Volksmusikveranstaltungen genutzt. Ansonsten kann man dort in sehr gepflegter Natur flanieren, sich im Bogenschießen üben oder im Hochseilgarten klettern. Zum Lichterfest tauchen 15.000 Kerzen und Lampions den Park in romantisches Licht, zur Italienischen Nacht erleuchten die Sterne die Szenerie des Opernabends.

Wer einmal ganz nobel speisen will, fährt weiter nach Sulzburg in den „Gasthof zum Hirschen". Was so bodenständig klingt, entpuppt sich als Edelrestaurant. Medaillon von bretonischem Hummer auf Kartoffeltörtchen, Seeigelsud und Zitronengras oder Rehnüsschen aus heimischer Jagd, Pfifferlinge und Pfifferlingsschaum oder Spinatcrêpes stehen da vielleicht auf der Karte der Sterneköche Douce Steiner und Udo Weiler und sind eine tolle Abwechslung zu „Brägele" und „Bibiliskäs" in den Straußwirtschaften. Die etwa 500 Weingewächse im Restaurantkeller lagern auch sicher schon etwas länger als die frischen Weine in den rustikalen Schenken. Und damit sich der Abstecher doppelt lohnt, informiert man sich auch gleich über den Silbererzbergbau des ehemaligen Bergbaustädtchens im Landesbergbaumuseum Baden-Württemberg, das in der ehemaligen Kirche am Markt zu finden ist. Auch die Juden, die Mitte des 19. Jahrhunderts etwa 30 Prozent der Bevölkerung stellten, haben Spuren hinterlassen: Die Synagoge ist ein Zeugnis dieser Zeit, ebenso der wildromantische jüdische Friedhof südöstlich der Stadt.

Der seit 1872 jährlich im April in Müllheim stattfindende Weinmarkt gilt als ältester badischer Wein- und Spezialmarkt für Markgräfler Weine. Seit 1971 ist das im Juni veranstaltete Stadtfest ein weiteres Highlight im gesellschaftlichen Leben der Müllheimer. Bei einem Ausflug ins wenige Kilometer entfernte Bürgeln geht es dann weiter auf den Spuren der Geschichte, wenn man im Rokokoschlösschen von 1762 durch die Gemächer schlendert. Die Aussichtsterrasse bietet einmal mehr einen schönen Ausblick.

Nicht weit entfernt gen Süden liegt das als Brezel- und Töpferort bekannte Kandern. Jahrhundertelange Tradition haben die Kanderer Brezeln vorzuweisen, die von hier in alle Welt geschickt werden. Auch die Keramikerzeugnisse haben eine lange Tradition: Wurde um 1900 noch vorwiegend Gebrauchskeramik getöpfert, wie Ziegel, Ofenkacheln oder Geschirr, so deutete sich der Weg zur Kunstkeramik bald an. Viele Ateliers exzellenter Keramiker sind in Kandern zu finden, darunter das des 2005 verstorbenen, sehr bekannten Künstlers Horst Kerstan, dessen Arbeiten durch fernöstliche Inspirationen geprägt waren und die ein Holzofenbrand charakterisiert. Rund ums Töpfern bietet Kandern viele Veranstaltungen, wie beispielsweise den Töpfermarkt und das Schautöpfern. Das Heimat- und Keramikmuseum dokumentiert das ganze Spektrum der Töpferkunst. Aber auch der seit über 75 Jahren im September stattfindende Pferdemarkt ist mit seinen Reitsportveranstaltungen ein Anziehungs-

Wasserschloss Entenstein

punkt. Kandern bietet seinen Besuchern verschiedene Themenwege, um die Stadt zu erkunden. Einer davon ist der August-Macke-Rundweg. Der bedeutende Expressionist verbrachte einige Zeit in der Stadt, in der etwa 20 seiner Ölgemälde sowie zahlreiche Zeichnungen und Aquarelle entstanden sind. Auf dem einstündigen Spazierweg trifft man auf zehn Tafeln mit Reproduktionen seiner hier entstandenen Werke und Hinweisen zur Biografie. „Gasthaus Krone" heißt eines seiner Gemälde; es zeigt das Haus seiner Schwester Auguste, die hier die Wirtin war. Kanderns Umgebung lässt sich auf einer Fahrt mit dem Museumszug „Canderli" Richtung Basel auf 13 Kilometern ganz gemütlich genießen.

| SCHWARZWALD

DAS VITRA DESIGN MUSEUM IN WEIL AM RHEIN

Wie eine riesige Skulptur in der Landschaft erhebt sich der dekonstruktivistische Bau des Vitra Design Museums im äußersten Zipfel des Schwarzwaldes. Der US-amerikanische Architekt Frank O. Gehry überraschte Europa 1989 mit seinem unkonventionellen Bau aus weißem Putz und Titanzink, der nicht unwesentlich zum Erfolg und zur Popularität des Vitra Design Museums in Weil am Rhein beiträgt.

Das Museum – zunächst als Ausstellungsort für Objekte der nordamerikanischen Architekten und Möbeldesigner Charles und Ray Eames, deren Entwürfe durch die Firma Vitra hergestellt und vertrieben werden, gedacht – entwickelte sich, basierend auf einer Sammlung von Möbelentwürfen berühmter Designer von Rolf Fehlbaum, zu einem weltweit führenden Museum für industrielles Möbel- und Interiordesign. Das ausgeklügelte Zusammenspiel von Licht und Schatten in den Räumen verleiht sowohl der Architektur als auch den Exponaten eine fantastische Bühne. Etwa 3.000 Ausstellungsstücke umfasst die Sammlung, in der alle maßgeblichen Stile seit Beginn des 19. Jahrhunderts vertreten sind. Auch „Little Beaver" (1987), ein Sessel mit Fußhocker aus einer Serie revolutionärer Pappmöbel von Frank O. Gehry, ist hier neben Modellen von Alvar Aalto, Arne Jacobsen, Charles R. Mackintosh und Verner Panton zu sehen. Auch das „Marshmallow-Sofa" von George Nelson (1956) zieht immer wieder die Aufmerksamkeit auf sich. Alle Modelle des Museums gibt es übrigens auch als Miniaturen zum Sammeln.

Das Museum veranstaltet neben den aktuellen Ausstellungen auch Workshops unter Mitwirkung renommierter Designer. Eine Bibliothek und ein umfassendes Archiv ergänzen das Spektrum dieser einzigartigen Kulturinstitution, die sich die Popularisierung des industriellen Möbeldesigns auf die Fahne geschrieben hat – nicht ganz uneigennützig, wie man sich denken kann.

Die weiteren Gebäude auf dem Firmengelände sind ebenfalls Entwürfe namhafter Architekten: die Fabrikationshalle von Nicholas Grimshaw, die Werkfeuerwehr von Zaha Hadid, der Konferenzpavillon von Tadao Ando und ein weiteres Fabrikationsgebäude von Alvaro Siza. Das Pförtnerhäuschen ist wieder ein Entwurf von Frank O. Gehry. Weitere Werke, wie die Plastik „Balancing Tools" von Claes Oldenburg, ein Tankstellen-Häuschen von Jean Prouvé und ein Kuppelzelt von Richard Buckminster Fuller machen auch das Außengelände zum Museumsbereich.

In Schliengen kann man sich im Turmzimmer des historischen Wasserschlosses Entenstein das Ja-Wort geben. Begossen wird es dann sicher mit einem „Gutedel" aus einem der vielen Weingüter und Winzerhöfen rund um den Ort, und die Flittertage verbringen die Frischvermählten am besten gleich in Lörrach, dem kulturellen und wirtschaftlichen Zentrum des Markgräflerlandes. Die Ruine der Burg Rötteln aus dem 11. Jahrhundert erhebt sich eindrucksvoll über der Stadt im Dreiländereck. Sie dient im Juli und August auch als Szenenbild für die bezaubernden Burgfestspiele. Das Museum im Burghof ist mit der Ausstellung ExpoTriRhena, einer Erlebnisschau zur Geschichte der Drei-Länder-Region, Anziehungspunkt für Kulturbeflissene. Jährlich im Juli wird die Stadt, in der es eine ausgeprägte Textilindustrie gibt und wo unter dem Dach von „Kraft Foods" die Marke mit der lila Kuh ebenso wie der „Philadelphia"-Käse als zarte und himmlische Versuchungen in die Welt geschickt werden, zur Bühne des internationalen Gesangsfestivals „Stimmen". Ein Gang durch die Innenstadt lädt nicht nur zum Besuch der vielen Läden, Märkte und Cafés ein, er verführt auch zum Betrachten von zahlreichen teils monumentalen Skulpturen und Brunnen. Auch ein renommierter Vertreter der figurativen Plastik, Stephan Balkenhol, ist mit dem Kunstwerk „Große Säulenfigur" dabei. Es zeigt einen Mann mit weißem Hemd und schwarzer Hose auf einem vier Meter hohen roten Stamm. Er steht für den durchschnittlichen, unauffälligen, alltäglichen Menschen. Der Künstler ist bekannt geworden durch seine lebensgroßen Figuren aus Eichenholz, die auf Bojen in befahrenen Gewässern treiben und von Weitem täuschend echt aussehen.

Durchaus nicht durchschnittlich war ein über viele Jahre steter Besucher der Stadt: Der erste Präsident der Bundesrepublik Deutschland, Theodor Heuss, verbrachte viele Jahre seinen Weihnachtsurlaub bei seinem Sohn in Lörrach. Übrigens: Theodor Heuss schrieb seine Dissertation 1906 zum Thema „Weinbau und Weingärtnerstand". So viel zum Thema Wein!

▲ **Der jüdische Friedhof** bei Sulzburg erinnert an die vielen Juden, die früher hier etwa ein Drittel der Bevölkerung ausmachten.

BADISCHE WEINSTRASSE

Weine entwickeln sich ausgezeichnet am Kaiserstuhl

Jahrelang lagert der Sekt

Rebland bei Varnhalt

◀ **Schloss Staufenberg** thront erhaben über den akkurat angelegten Weinfeldern in Durbach.

BADISCHE WEINSTRASSE

Die Fenster des Rathauses von Gengenbach werden jährlich im Dezember zum größten Weihnachtskalender der Welt umgerüstet.

Die Fachwerkhäuser von Gengenbach imponieren mit reichem Blumenschmuck.

GENGENBACH

◀ Fachwerkhäuser in Gengenbach

▶ **Auf den weiten Obstplantagen** in der Rheinebene gedeihen die Früchte wegen des milden Klimas besonders gut. Das Blütenmeer im Frühjahr bezaubert und spricht alle Sinne an.

BADISCHE WEINSTRASSE

| SCHWARZWALD

▶ Mit üppigem **Blumenschmuck** versehen, lenken die Fachwerkhäuser in Sasbachwalden alle Blicke auf sich.

◀ Die liebevoll mit Blumen geschmückte **Dorfstraße** im Luft- und Kneippkurort Sasbachwalden lädt zu einem entspannten Bummel ein.

BADISCHE WEINSTRASSE

▲ **Ottenhöfen** ist bekannt durch seine vielen Mühlen – hier die Benz-Mühle. Der Luftkurort liegt im Städtedreieck Freudenstadt–Straßburg–Baden-Baden. Auf dem circa 13 Kilometer langen Mühlenrundweg können in etwa vier bis fünf Stunden wunderschön restaurierte Mühlen erwandert werden.

◀ **Verwunschen wirken die Häuser** am Bach im Ortskern von Oberkirch, dem – im wahrsten Sinne des Wortes – Brennpunkt der Schnapsproduktion.

◀ **Das Rathaus von Offenburg** ist mit seiner schmucken Fassade ein schöner Blickfang. Den Barockbau von 1741 ziert über dem Giebel die Figur des Offo, des angeblichen Stadtgründers. Die Türflügel sind eine Schnitzarbeit aus dem 18. Jahrhundert.

▼ **Die Ruine der Schauenburg** aus dem 11. Jahrhundert erhebt sich malerisch über der Landschaft. Die Burg diente der Sicherung der Ost-West-Verbindung von Straßburg nach Schwaben. Nach dem Ausbau galt sie als eine der schönsten Burganlagen des 13. Jahrhunderts.

| BADISCHE WEINSTRASSE |

◀ **Wanderer durchstreifen die liebliche Landschaft** am Kaiserstuhl. Durch die Lösslandschaft führen verschiedene Lehrpfade, auf denen man eine einzigartige Flora und Fauna erkunden kann. Zahlreiche Orchideen-, Schmetterlings- und Käferarten sind hier heimisch und wollen bewundert werden.

◀ **Ausflugsdampfer am Rhein** bei Breisach warten auf Gäste. Alles ist möglich an Bord der Flotte: Tagesfahrten nach Basel, Colmar oder Straßburg, Sommerkreuzfahrten, Rund- oder Schleusenfahrten, Tanztee, Candle-Light-Dinner und Barbecue. Bei den Rundfahrten wählt man zwischen ein, zwei oder drei Stunden Dauer.

| SCHWARZWALD

GRANDIOSE STIMMUNG

Zünftige Blasmusik zum Weinfest

Hängt ein Besen (Strauß) vor der Winzerschänke, heißt das: Es gibt jungen Wein, und die Straußwirtschaft ist geöffnet.

◀ **Defilees** zum Trachtenfest

BADISCHE WEINSTRASSE

Das Rheintor von Breisach

◀ Chinoiserien auf der Tapete, Kacheln aus Meißen und Leuchter mit böhmischen Kristallfrüchten – alles ist eine Augenweide auf Schloss Bürgeln.

▼ Ein einsames Haus in den Weinbergen der Ortenau bei Inversionswetterlage

| SCHWARZWALD

Baden-Baden
UND DIE SCHWARZWALD-HOCHSTRASSE

Baden-Baden

Das etwa 55.000 Einwohner zählende Städtchen im Tal der Oos ist das mondäne Aushängeschild des Schwarzwaldes. Umgeben von malerisch bewaldeter, bergiger Landschaft, sprudelt das Kapital Baden-Badens mit 58° bis 68° Celsius aus einer Tiefe von 1.200 bis 1.800 Metern aus der Erde. Diese Thermalquellen wussten schon die Römer vor etwa 2.000 Jahren zu schätzen, als sie sich hier ansiedelten und diesem Ort den Namen „Aquae" gaben, was so viel bedeutet wie „die Wasser". Die Relikte der römischen Badekultur sind heute noch im Untergeschoss des Friedrichbades, das 1869 bis 1877 als luxuriöses Kurzentrum erbaut wurde, zu besichtigen. Der Renaissancebau, der römische Badekultur mit irischen Heißluftbädern kombiniert, hat schon Mark Twain beeindruckt, der nach einem Besuch gesagt haben soll: „Hier im Friedrichsbad vergessen Sie nach zehn Minuten die Zeit und nach zwanzig Minuten die Welt." Der Weg zu so viel Entspannung führt in diesem historischen Badetempel, der bei seiner Eröffnung das modernste Badehaus Europas gewesen sein soll, über 16 Stationen: Nässe, Wärme, Hitze, Nässe, Schrubben, Nässe, Dampf, heißer Dampf, Wasser, Blubbern, Treiben, Nässe, Schauer, Rubbeln, Pflegen und

Die Caracalla-Therme

Ruhen. Der so durchlaufene Temperaturwechsel bringt den Kreislauf in Schwung, stärkt das Immunsystem und entspannt nachhaltig.

Das Baden-Badener Thermalwasser mit seinem milden, salzigen Geschmack wird als fluoridhaltige Natrium-Chlorid-Therme bezeichnet. Seine positive Auswirkung erstreckt sich über ein breites Spektrum gesundheitlicher Leiden. So soll es rheumatische Erkrankungen, Arthrose, Erkrankungen des Nervensystems und der Atemwege, funktionelle Kreislaufstörungen oder gar rheumatoide Arthritis mildern. Auch in einer zweiten großen Badeeinrichtung, der Caracalla-Therme, 1985 an der Stelle des abgerissenen Augusta-Bades eröffnet, kann man auf mehr als 3.000 m² das heilende Thermalwasser mit seiner ausgewogenen Mineralisierung genießen. Nach dem römischen Kaiser

◀ **Das Festspielhaus** ist einer der gesellschaftlichen Mittelpunkte Baden-Badens.

Caracalla benannt, der die Badekultur im Jahre 213 n. Chr. durch seine Prominenz zu ihrer ersten Blütezeit führte, bietet die Therme alles, was man sich von einem modernen Badebetrieb erwartet: eine römische Saunalandschaft mit malerischem Außenbereich im Schlosspark, vier Saunen mit unterschiedlichen Aufgüssen und Saunabar, eine Felsengrotte mit heißem und kaltem Wasser, ein Aromadampfbad, einen Sole-Inhalationsraum, im Außenbereich zwei große Marmorbecken mit Strömungskanal, Wasserfall, Whirlpools und vieles mehr.

Nach der Zeit Caracallas erlebte der Ort allerdings noch viele Wirren, bis er im 19. Jahrhundert eine neue Blütezeit erfuhr. Nachdem Baden 1806 Großherzogtum geworden war, bestand städtebaulicher Handlungsbedarf. Friedrich Weinbrenner, 1766 in Karlsruhe geboren – neben Karl Friedrich Schinkel einer der großen Vertreter des klassizistischen Baustils in Deutschland –, prägte als Architekt das Stadtbild durch zahlreiche Bauten. 1804 entstand das Museum Paläotechnicum, ein dreigliedriges Gebäude am Marktplatz, bestehend aus Museum, Trinkraum und Ursprungsquelle. 1807 bis 1809 baute Weinbrenner das Kapuzinerkloster zum „Hotel Badischer Hof", Europas erstem Luxushotel, um. Die einst dem Kloster zugesprochene Thermalwasserlizenz verleiht dem Hotel das Privileg, dass das heiße Wasser direkt von der Quelle in die Badewanne und den Pool laufen kann. Das Palais Hamilton, 1808 als kleiner Palast entworfen, wurde 1843 erweitert und als Sommerresidenz von vielen Fürsten genutzt. Nachdem das Haus in den Besitz der Gemahlin des Herzogs von Hamilton gelangte, trafen sich hier bis Ende des 19. Jahrhunderts viele gekrönte Häupter und namhafte Künstler dieser Zeit. 1818 entstanden die Boutiquen in den Kolonnaden, 1818 bis 1820 der Internationale Club und 1821 bis 1824 das Kurhaus. Viele von Weinbrenners Bauten sind heute leider durch Umbau oder Ersatz nicht mehr im Original zu bewundern.

Aber nicht nur die heilenden Quellen und die pompösen Bauten des Karlsruher Baumeisters machten Baden, wie es damals noch hieß,

▶ **Das Friedrichsbad** war einst luxuriöser Mittelpunkt des Kurbetriebes in Baden-Baden. Heute konkurriert es mit der Caracalla-Therme.

DAS MUSEUM FRIEDER BURDA

Seit Herbst 2004 ist die Lichtentaler Allee in Baden-Baden um eine Attraktion reicher: Die private Kunstsammlung des Verlegers Frieder Burda hat hier mit etwa 800 Kunstwerken neben der Staatlichen Kunsthalle ein repräsentatives Domizil gefunden. Der Bau mit einer Ausstellungsfläche von etwa 800 m² wurde nach Plänen des amerikanischen Architekten Richard Meier realisiert. Meier hat sich unter anderen mit dem Getty Center in Los Angeles und Museumsbauten in Atlanta, Frankfurt und Barcelona einen Namen gemacht und viele internationale Architekturpreise gewonnen. Der dreigeschossige Museumsbau in Baden-Baden ist als Tageslichtmuseum offen gestaltet, durch Rampen begehbar und durch eine gläserne Brücke mit dem benachbarten Altbau der Staatlichen Kunsthalle verbunden – ein Hinweis auf das Konzept, das durchaus auch gemeinsame Ausstellungen der beiden Häuser in Betracht zieht. Staatlicher Kulturauftrag und privates Engagement gehen hier eine fruchtbare Symbiose ein.

Die Sammlung des Badeners Burda umfasst Kunstwerke der Klassischen Moderne sowie der Gegenwartskunst von Weltrang. Allein sieben in der Sammlung vertretene Künstler sind mit dem „Praemium Imperiale", einem Kunstpreis, der als Nobelpreis der Künste gilt, ausgezeichnet: die Bildhauerinnen Niki de Saint Phalle und Louise Bourgeois sowie die Malerkollegen Willem de Kooning, Gerhard Richter, Anselm Kiefer, Sigmar Polke und Georg Baselitz. Übrigens: Auch der geniale Architekt des Hauses, Richard Meier, wurde 1997 mit dem von dem japanischen Prinzen Takamatsu initiierten Preis bedacht.

Vor etwa dreißig Jahren begann Frieder Burda, Kunst zu sammeln, ganz für sich, wobei Farbe und emotionale Ausdrucksqualität für ihn ausschlaggebend waren. Daraus ist heute eine Sammlung von internationalem Renommee geworden, dafür sprechen Namen wie: Hans Arp, Almut Heise, Johannes Hüppi, Imi Knoebel, Pablo Picasso, Antoni Tàpies und viele andere. Bei aller Weltoffenheit hat der Sammler aber auch seine Heimatregion im Blick behalten: Die Gemälde „Blick aus dem Fenster" und „Die Stourdza-Kapelle, Regentag in Baden-Baden" von Max Beckmann sind nicht nur großartige Kunstwerke, sondern sie dokumentieren auch ein Stück Lebensgefühl der dreißiger Jahre in Baden-Baden und sind selbstverständlich in der Sammlung vertreten.

▶ Brenner's Park-Hotel, eines der besten Häuser für Baden-Badens glamouröse Gäste aus aller Welt

attraktiv. Anziehungspunkte und gesellschaftliche Höhepunkte waren auch das Glücksspiel, das ab 1824 nur noch im Casino des Kurhauses betrieben werden durfte, und die Pferderennen in Iffezheim. Könige, Künstler, Kurgäste und Kurtisanen tummelten sich in diesem Ambiente von prickelnder Aufgeregtheit. Man traf sich nicht nur der Gesundheit zuliebe in Baden, sondern zelebrierte hier auch jede Art von Laster. Dieser Mix kommt dem beschaulichen Örtchen wohl auch heute noch zugute: Ab 1838 jedenfalls machte Jean Jacques Bénazet das Glücksspiel im wahrsten Sinne des Wortes salonfähig. „Rien ne va plus", hieß es von da ab an den Spieltischen unter prächtigen Kronleuchtern, wo dicke Teppiche den Schall schluckten. Edel geht die Welt zugrunde, war das Motto für manch einen, bei dem nach den berühmten Worten des Croupiers wirklich nichts mehr ging, weil er sein gesamtes Vermögen verspielt hatte. Der russische Schriftsteller Fjodor Dostojewski soll sich hier authentische Anregungen für seinen Roman „Der Spieler" geholt haben. Die große Hoffnung auf Gewinn bei Black Jack, Roulette oder Bakkarat brachte jedenfalls jede Menge elitäres Publikum nach Baden und dem Städtchen einen wunderbaren Aufschwung, denn einige der betuchten Gäste aus Großbritannien, Russland, Frankreich oder anderen Ländern blieben als Residenten für längere Zeit. So entwickelten sich eigene kleine Viertel mit länderspezifischen Bauwerken, etwa die russische Kirche mit dem goldenen Zwiebelturm oder die englische Kirche.

Der Spielbankpächter Bénazet holte zur Unterhaltung des erlauchten Publikums Dichter und Musiker in das pulsierende Baden, und so entwickelte sich eine blühende Salonkultur. Theodor Storm, Friedrich Nietzsche, Clara Schumann und Franz Liszt waren nur einige von ihnen.

Johannes Brahms, der zwischen 1865 und 1874 die Sommer in Baden verbrachte und hier zu vielen Kompositionen inspiriert wurde, wird mit einem Museum in seinen einstigen Wohnräumen und mit den alle zwei Jahre stattfindenden Brahmstagen noch heute geehrt. Auch die bildenden Künstler ließen nicht auf sich warten: Eugène Delacroix und Gustave Courbet besuchten Baden. Max Beckmann ließ sich durch die zur Schau getragene Dekadenz mancher Gäste zu Bildern wie „Tanz in Baden-Baden" inspirieren.

Ein weiterer großer Coup gelang Edouard Bénazet, dem Sohn des geschäftstüchtigen ersten Casinopächters, 1858 mit der Etablierung der Galopprennbahn in Iffezheim, 12 Kilometer vom Zentrum Baden-Badens entfernt. Seitdem genießt der jährliche „Große Preis von Baden-Baden" hohes internationales Ansehen, und mit dem Frühjahrsmeeting und dem „Sales & Racing Festival" hat Baden-Baden drei hochkarätige Rennveranstaltungen, die internationales Publikum in die Region bringen. Organisiert wird alles vom Internationalen Club, der seit 1872 das Zepter führt und dessen Präsidenten seit jeher nicht Geringere als Prinzen und Fürsten sind. Die Hautevolee fühlt sich wohl in Iffezheim, ist die Rennbahn doch in eine liebliche, hügelige Reblandschaft gebettet, das Rennparkgelände mit edlem Blumenschmuck versehen und die Konkurrenz der Vollblüter nicht nur wegen der ausgefallenen Hutmodelle der Turf-Besucherinnen immer wieder sehenswert. Außerhalb der Rennen wird die Bahn gern für Großveranstaltungen genutzt. Weltstars wie Elton John oder Carlos Santana geben hier Konzerte, aber auch Gartenmessen oder Künstlermärkte finden hier ihr Publikum.

Abends spaziert man in Baden-Baden dann gern unter altem Baumbestand entlang dem Lauf der Oos über die Lichtentaler Allee, die als eine der schönsten Flaniermeilen gilt. Sie führt durch einen Landschaftspark mit mehr als 300 verschiedenen Baum- und Straucharten, vorbei an den diversen Kulturstätten der Stadt, dem Theater, einem Bau im neobarocken Stil, der Staatlichen Kunsthalle und dem Museum

◀ **Die Bank gewinnt immer** – auch in Baden-Baden.

Frieder Burda. Über kleine Brücken gelangt man zum anderen Ufer der Oos, an dem sich einige Luxushotels und elegante Villen aneinanderreihen. Am Goetheplatz geht der Spaziergang dann weiter, die Kaiserallee entlang. Hier passiert man das Kurhaus, den glanzvollen Dreh- und Angelpunkt der Nachtschwärmer, sowie die Trinkhalle mit ihren imposanten korinthischen Säulen, unter denen es sich wunderbar – nach einem gesunden Schluck Wasser aus den heilsamen Quellen – lustwandeln lässt. Hinter den zum Kurhaus führenden Kolonnaden mit den edlen Boutiquen lädt die 1912 im Jugendstil erbaute Musikmuschel zu einer Rast ein. Die dort platzierten weißen „Baden-Baden-

◀ **Die Lichtentaler Allee** ist seit über 350 Jahren die Bummelmeile in Baden-Baden. Sehen und gesehen werden ist hier die Devise.

Stühle" des Designers Richard Riemerschmidt sind so bequem, dass es am Ende der Saison regelmäßig zu Fehlbeständen kommt.

Bleibt noch zum weiteren Genuss des Abends das Festspielhaus: 1998 eröffnet, gilt es als zweitgrößtes Opernhaus in Europa. Internationale Ballettfestivals und Opernfestspiele mit Weltstars werden hier durch die exzellente Akustik zum Hörgenuss auf höchstem Niveau. Wer dann auch zum nächtlichen Dinner diesen hohen Level nicht verlassen möchte, der ist bei den Sterne-Köchen im Restaurant von Brenner's Park-Hotel oder im „Jardin de France" bestens aufgehoben.

▶ **Internationale Top-Stars** machen das Festspielhaus mit Opern, Ballett, Konzerten und anderem Entertainment zum Publikumsmagneten.

Die Schwarzwald-Hochstrasse

Die Schwarzwald-Hochstraße wurde 1930 als eine der ersten Touristenstraßen Deutschlands eröffnet. Zuvor waren die Höhenzüge des Nordschwarzwaldes so gut wie unerschlossen gewesen. Nach dem Zweiten Weltkrieg wurde die Panoramastraße nochmals ausgebaut. Sie führt über eine Strecke von 60 Kilometern von Baden-Baden auf einem Höhenniveau von etwa 700 bis 1.000 Metern durch Hochflächen und Waldgebiete nach Freudenstadt.

Von Baden-Baden – hier trifft sich die Badische Weinstraße mit der Schwarzwald-Hochstraße – geht es kurvenreich Richtung Süden. Nach etwa acht Kilometern ist das Fünf-Sterne-Hotel Bühlerhöhe, eingebettet in einen etwa 18 ha großen Schlosspark, in Sicht. 850 Meter hoch gelegen, bietet es eine fantastische Aussicht auf das Bühlertal und die Rheinebene. Ausgezeichnet als „Leading Spa of the World" ist es eher ein Ziel der oberen Zehntausend, die hier Luxus und Stille genießen. Neben allerlei elitärer Kurzweil werden auch Erlebnistouren im Cabrio entlang der Hochstraße angeboten. Zahlreiche Parkplätze mit Aussichtspunkten unterbrechen die kurvenreiche Route, Infotafeln erläutern die Sicht. Weitere Hotels, wie das Hotel Sand, die Höhengaststätte Hundseck oder das Höhenhotel Unterstmatt, wo sich in der Wintersaison bei Flutlicht und Beschneiungsanlage der Skizirkus ein Stelldichein gibt, reihen sich auf. Nahe Sand, im Tal der Murg, lockt der Mehliskopf im Winter mit vier Liften zum Skivergnügen und im Sommer mit Abenteuerklettergarten, Waldspielplatz und Wasserspiellandschaft. Außerdem ist eine Bobbahn ganzjährig geöffnet.

◀ **Die Schwarzwald-Hochstraße** schlängelt sich kurvenreich durch Wiesen und Wälder von einem Aussichtspunkt zum anderen. Der Fototourismus hat hier das ganze Jahr Hochsaison.

Von einem Wanderparkplatz bei Plätting gibt es einen 2006 eingeweihten Wildnispfad, auf dem zahlreiche entwurzelte Bäume zu überwinden sind, zu entdecken. Der Pfad ist 4,5 Kilometer lang, bietet aber auch Möglichkeiten zur Abkürzung. Über eine Hängebrücke erreicht man den „Adlerhorst", eine Aussichtsplattform in den Baumkronen.

Etwas südlich liegt der mit 1.164 Metern höchste Berg des Nordschwarzwaldes, die Hornisgrinde. Ein Aussichtsturm und mehrere Sendeeinrichtungen sowie drei Windräder krönen die Hochmoorfläche auf dem Gipfelplateau. Die Hornisgrinde gehört zu den niederschlagsreichsten Orten in Deutschland. Auf 1.032 Meter, unter dem Gipfel der Hornisgrinde, lockt der Mummelsee, der höchstgelegene

Karsee im Schwarzwald, unzählige Badegäste. Bootsvermietungen bieten Tretboote an, und so kann man den 17 Meter tiefen See erobern und sich am Anblick der bewaldeten Berghänge berauschen.

Etwas ruhiger geht es dann am Wildsee nahe dem Naturschutzzentrum Ruhestein zu. Auch dieser Karsee ist fast rund. Von Hochmooren umgeben, gehört er zu einem Naturschutzgebiet, das bereits seit 1939 ausgewiesen ist. Der Ruhestein ist aber auch eine Passhöhe zwischen dem Murgtal und dem Acherntal, von wo diverse Wanderwege abgehen und eine Straße nach Baiersbronn führt. Für Gourmets lohnt sich ein Abstecher, denn Baiersbronn rühmt sich mit zwei Sterneköchen. Die Baiersbronner dagegen fahren gern hinauf zum Schliffkopf, wo diverse Höhenhotels sich auf den Ansturm der Wanderer und Wintersportler eingestellt haben.

Wanderer und Abenteurer erfreuen sich hier auf dem Lotharpfad an einer eher unfreiwilligen Attraktion: Dieser 800 Meter lange Erlebnispfad zieht sich durch ein Gebiet, das 1999 durch den Orkan „Lothar" schwere Sturmschäden erlitt. Der mit über 200 Stundenkilometern wütende Sturm hinterließ 30 Millionen m^3 Sturmholz und 40.000 ha Kahlfläche, die nun über Stege, Leitern und Treppen erschlossen ist. Das Gebiet bleibt naturbelassen.

Am weiteren Straßenverlauf liegt die Alexanderschanze; 1734 als Verteidigungswall errichtet, wurde sie 1940 durch neue Sicherungsanlagen erweitert. Die Hochstraße schlängelt sich nun weiter abwärts, vorbei an Kniebis, einem idyllischen Örtchen, wo sich Winterurlauber gern auf den präparierten Schneeschuhtrails und Skatingspuren tummeln, aktiv oder passiv am Wintertriathlon „Coolman" teilnehmen und sich abends bei Heimatabenden unterhalten lassen. Auf einem Höhenniveau von etwa 750

▶ **Eine der Touristenattraktionen** auf dem Mehliskopf ist die ganzjährig geöffnete Bobbahn. Auf etwa 1000 Meter Länge bietet sie elf Steilkurven.

Metern endet die Panoramastrecke im heilklimatischen Kurort Freudenstadt.

Die höchstgelegene Mittelstadt Baden-Württembergs rühmt sich mit dem größten Marktplatz Deutschlands. 1601 angelegt, wird der Platz mit den Maßen 219 x 216 m von Arkaden gesäumt, die mit ihren kleinen Lädchen zum Bummeln einladen. Am unteren Markt wurden 50 Wasserfontänen installiert, die dem Platz zusätzlich ein besonderes Ambiente verleihen. Interessant ist der Bau der Winkelkirche mit ihren zwei 50 Meter hohen Türmen als Eckpunkt am Marktplatz sowie ein Glockenspiel in der Sichtachse vom Bahnhof zum Marktplatz. Zur Zeit verfügt es über zwölf Glocken unterschiedlicher Größen von Einzelspendern; weitere Glocken sind geplant. Das Repertoire umfasst 150 Lieder, um 11.00, 15.00 und 17.00 Uhr kommt man jeweils drei Minuten in den Genuss ausgesuchter Klänge. Freudenstadt bietet seinen Einwohnern und Gästen eine Fülle von Unterhaltung. Das „Schwarzwald Musikfestival" lockt von April bis August Gäste zu den unterschiedlichsten Musikveranstaltungen, beim Großen Preis von Freudenstadt geht's mit 80 Sachen im Kart durch die City, der Töpfermarkt ist dann wieder etwas ruhiger, und das Afrika-Fest mit seinem Basar und den Reggaerhythmen sowie die „Nacht der Magie" vermitteln wieder eine ganz andere Erlebniswelt.

Freudenstadt ist auch Endpunkt des 59 Kilometer langen Skifernwanderweges Nordschwarzwald, der entlang der Hochstraße von Herrenwies über Hundseck, Unterstmatt, Mummelsee, Seibelseckle, Ruhestein, Schliffkopf, Zuflucht, Kniebis bis Freudenstadt verläuft.

◀ **Die Waldverwüstung** des Orkans „Lothar" wird zum Abenteuer-Parcours.

◀ **Freudenstadt** hat mit den 50 Fontänen auf dem Marktplatz einen interessanten Akzent gesetzt.

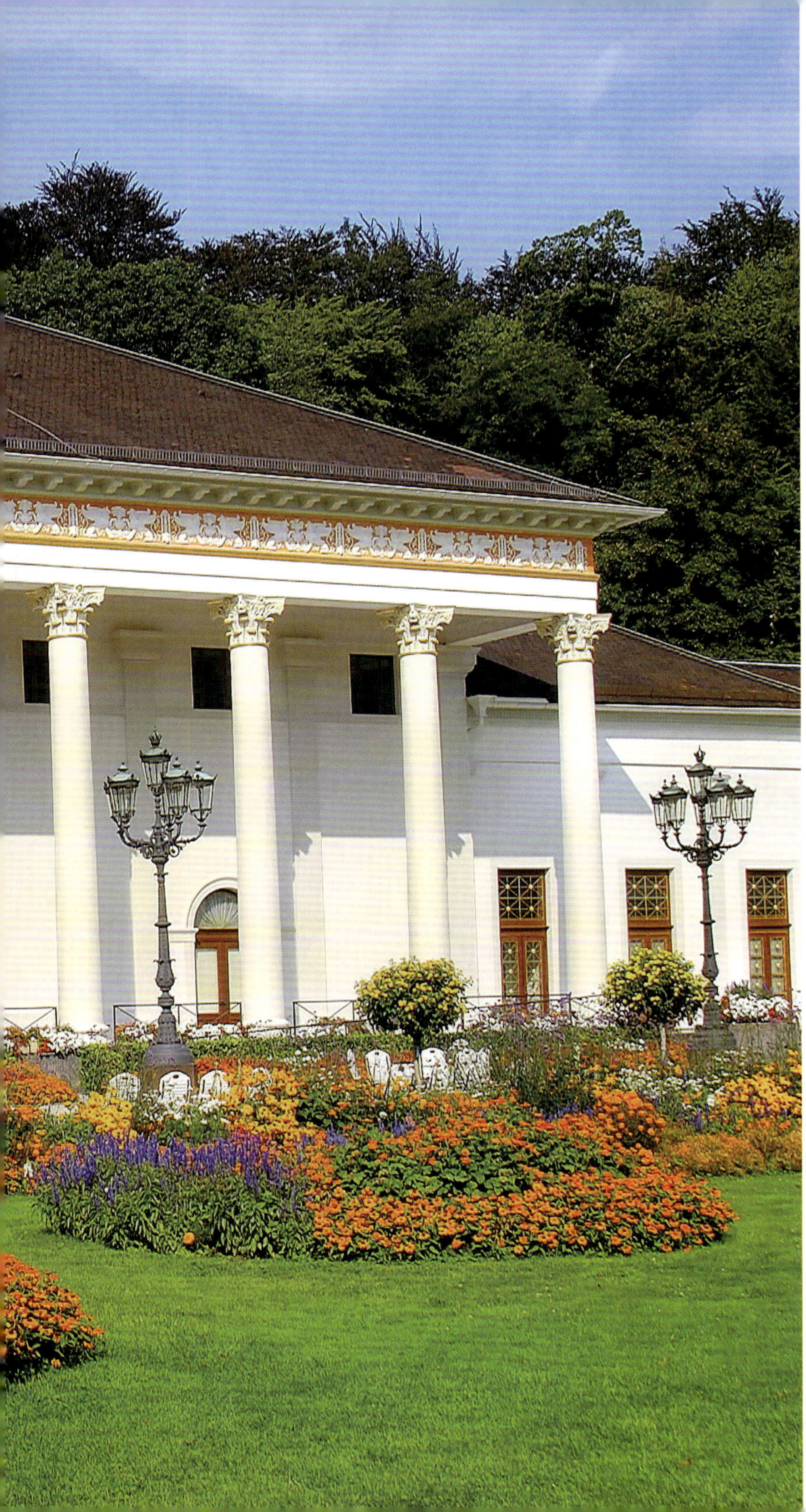

Stilvolle Quelle

◄ **Stolz präsentiert sich das Kurhaus** von Baden-Baden im blumigen Ambiente. In der Trinkhalle werden Kurgäste mit frischem Heilwasser versorgt. Das Gebäude ist 90 Meter lang und wird von 16 korinthischen Säulen getragen.

| SCHWARZWALD

▲ **Kleine Extravaganzen** am Rande des Rennbetriebes in Iffezheim

▶ **Die Galopprennbahn** in Iffezheim bei Baden-Baden ist Anziehungspunkt für Pferdenarren aus aller Welt.

▼ **Winterliche Stimmung** am Ruhestein an der Schwarzwald-Hochstraße

BADEN-BADEN UND DIE SCHWARZWALD-HOCHSTRASSE

Winter im Hochmoor

Der Feldberg-Wanderweg

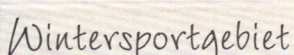
Wintersportgebiet

Der Berg Hornisgrinde

Am Mummelsee

▼ **Im Winter** liegen die Täler rund um den Mummelsee weitgehend im Nebel.

| SCHWARZWALD

Die Winkelhakenkirche

Der Röhrenbrunnen am Marktplatz

BADEN-BADEN UND DIE SCHWARZWALD-HOCHSTRASSE

Panoramablick auf Freudenstadt mit seinem imponierenden, von Arkaden umsäumten Marktplatz

FREUDENSTADT

| SCHWARZWALD

BADEN-BADEN UND DIE SCHWARZWALD-HOCHSTRASSE

◀ Der Schliffkopf, der Hausberg von Baiersbronn, bei Inversionswetterlage

| SCHWARZWALD

▼ **Der Kurpark von Bad Herrenalb** lädt die Gäste zum Flanieren ein. Von der Terrasse des Kurhauses hat man einen schönen Blick in die gepflegte, abwechslungsreiche Botanik.

Die Bäderstraße
UND DER ÖSTLICHE SCHWARZWALD

Die Schwarzwald-Bäderstraße

Der nördliche Schwarzwald ist mit seinen heißen und mineralhaltigen Quellen ein idealer Standort für Heilbäder. Auf der Strecke von Pforzheim bis Freudenstadt, in den Tälern von Nagold und Enz, sind sie dann auch vermehrt zu finden, die seit vielen Jahrzehnten gut frequentierten Kurorte.

Die Stadt Pforzheim gilt als nördliches Tor zum Schwarzwald. Mit ihren etwa 200.000 Einwohnern ist sie eine verkehrsreiche Industrie- und Einkaufsstadt. Ab 1220 wurde Pforzheim Residenz der badischen Markgrafen, und ab 1767 entwickelte sich das Städtchen rasant zu einem weltbekannten Zentrum der Schmuck- und Uhrenindustrie. Im Dreißigjährigen Krieg und im Zweiten Weltkrieg wurden nahezu alle Gebäude zerstört, so sind relativ wenig Relikte aus früheren Jahrhunderten erhalten. Einiges wurde hervorragend restauriert, so die Schloss- und Stiftskirche St. Michael, die Grablege des badischen Fürstenhauses, die Altstadtkirche St. Martin mit Fresken aus dem frühen 15. Jahrhundert und der Archiv- und Leitgastturm, Überreste des Schlosses sowie der Stadtmauer.

Den besten Überblick über die Stadt an den drei Flüssen Enz, Nagold und Würm verschafft man sich von der Aussichtsplattform des modernen Sparkassenturms, ehe man die „Goldstadt", wie sie allgemein tituliert wird, erkundet. Obwohl Pforzheim unter anderem auch in Spitzentechnologien, wie Präzisions-, Medizin- oder Dentaltechnik, die Weichen für die Zukunft gestellt hat, dreht sich für den Besucher dennoch alles um die traditionelle Gold- und Schmuckverarbeitung. Und hier bietet die Stadt reichlich Anschauungsmaterial. Da wäre zunächst das Schmuckmuseum im Reuchlinhaus, wo etwa 2.000 Exponate 5.000 Jahre Schmuckgeschichte demonstrieren. Sonderausstellungen bringen immer wieder neue Aspekte der Betrachtung. Im technischen Museum steht die Entwicklung der Produktion von den Anfängen bis heute im Mittelpunkt des Interesses. Die Edelsteinausstellung Schütt verzaubert mit rohen und bearbeiteten Schmucksteinen aus aller Welt, und die Schmuckwelten Pforzheim verführen in großzügig gestalteten Räumen auf 4.000 m² zum Staunen und Kaufen in einer Schmuckerlebniswelt, wie sie europaweit einzigartig ist. Hier kann der Besucher auch an Workshops teilnehmen. Von so viel Glanz geblendet, bietet es sich an, im Enzauenpark – dem ehemaligen

◀ Das Parkhotel Pforzheim liegt direkt an den Flussauen von Enz und Nagold.

Gelände der Bundesgartenschau 1992 – oder im Wildpark mit etwa 350 einheimischen Tierarten, darunter Elche, Silberfüchse, Yaks und Schnee-Eulen, die Augen in die Natur schweifen zu lassen.

Im Juli lockt der Pforzheimer Goldschmiedemarkt mit allerlei Preziosen die Besucher in die Zelte am Waisenhausplatz. Veranstaltungen im August, wie die „Bertha-Benz-Fahrt" – eine Oldtimer Rallye im Andenken an die 1849 in Pforzheim geborene Ehefrau von Karl Benz, die erste Autofahrerin, die 1888 die Welt mit einer Fernfahrt von Mannheim nach Pforzheim vom Automobil ihres Mannes überzeugte – und das „Oechsle-Fest", das Wein und Spezialitäten aus der Region kredenzt, erinnern dann mal wieder daran, dass die Stadt auch hervorragende Persönlichkeiten hervorgebracht hat, die nicht mit Schmuck befasst waren, unter anderem auch den 1774 in Pforzheim geborenen Physiker Ferdinand Öchsle, der die Mostwaage zur Bestimmung des Zuckergehaltes von Most erfand.

Verlässt man Pforzheim in Richtung Süden, ist nach etwa 20 Kilometern inmitten bewaldeter Hänge der traditionsreiche Bade- und Kurort Bad Liebenzell in Sicht, wo schon im Mittelalter die heilenden Quellen genutzt wurden.

▶ Die Nagoldtalsperre, gebaut als Hochwasserschutzanlage, ist ein beliebtes Naherholungsgebiet.

Über dem Ort erhebt sich die beeindruckende Stauferburg aus dem 13. Jahrhundert. Ein weiteres imposantes Gebäude der Stadt ist die Kirche St. Blasius; eine Sonnenuhr ziert ihre Südwand.

Die Paracelsus-Therme ist attraktiver Mittelpunkt des Kurbetriebes und versucht, für jeden etwas zu bieten. Neben Thermalbewegungsbecken und Aqua-Fitness können die Vorzüge der Felsendampfgrotte oder der Duftinsel mit wechselnden mediterranen Düften entdeckt werden. Wer noch keinen Kurschatten hat, findet ihn sicher beim Candle-Light-Schwimmen oder in der Mitternachtssauna. Tags darauf flaniert man dann durch den Kurpark, auf dessen verschiedenen Themenpfaden es nicht langweilig wird. Im Apothekergarten sucht man sich schon mal das richtige Kraut gegen die Allerweltsleiden aus, um anschließend auf dem Planetenwanderweg ins Sonnensystem einzutauchen. Ein kleiner Stopp bietet sich an der Trinkhalle an, um das stoffwechselanregende Mineralwasser zu verköstigen. Im Kurhaus wird dann noch eine kesse Sohle aufs Parkett gelegt, ehe es durch den mit farbiger Erlebnisbeleuchtung ausgestatteten Kurpark zurück ins Hotel geht.

Zahlreiche Wander- und Radwege bieten Gelegenheit, die umliegende Natur entlang der Nagold oder im Monbachtal zu erkunden. Mountainbiker finden etwa 300 Kilometer ausgeschilderte Rundwege in der Region.

Das touristisch geprägte Örtchen Hirsau ist durch die Geschichte seines Klosters prominent geworden. Heute steht nur noch die Ruine, die im Sommer als Freilichtbühne für die Klosterspiele fungiert. Auch das Ende des 16.

◀ **Malerisch** umrahmen die Fachwerkhäuser der Altstadt den Löwenbrunnen in Calw.

Jahrhunderts gebaute dreiflügelige Renaissanceschloss, das die herzogliche Familie für Bade- und Kuraufenthalte nutzte, wurde 1692 leider zerstört. Es blieben nur wenige Relikte.

Die Stadt Calw profitiert von der Berühmtheit des Literaturnobelpreisträgers Hermann Hesse, der hier 1877 geboren und im Hermann-Hesse-Museum allgegenwärtig ist. Aber der Ort übt auch mit seinen malerischen Fachwerkhäusern in der Altstadt eine enorme Anziehungskraft aus. In gesundheitlicher Hinsicht hat sich Calw mit einem Nordic-Walking-Zentrum profiliert; auf der 1,7 Kilometer langen Finnenbahn bewegen sich die Walker auf Holzspänen. Zudem gibt es ein weites, gut ausgeschildertes Streckennetz.

Als nächstes gern besuchtes Touristenziel ragt die Burgruine Zavelstein hoch über dem königlichen Bad Teinach in den Himmel. König

SCHWARZWALD

Wilhelm I. ließ Hotel, Badehaus und Trinkhalle bauen, die bis heute das Kurzentrum ausmachen. Wasser aus fünf verschiedenen Heilquellen werden hier gegen die unterschiedlichsten Krankheitsbilder eingesetzt. In der Mineral-Therme hält man sich mit Aqua-Biking und -Stepping fit.

▶ Der Kurpark von Bad Liebenzell ist tags wie nachts ein Feuerwerk für die Sinne.

Die nächste Burgruine, die die Landschaft prägt, ist Hohennagold, bevor es weiter über Altensteig zur Nagoldtalsperre, einem beliebten Ziel für Wassersportler, geht. In den umliegenden Hochwäldern wachsen die höchsten Tannen des Nordschwarzwaldes. Dornstetten ist stolz auf seine historische Altstadt mit den gepflegten Fachwerkbauten, und Baiersbronn, am Rande der Schwarzwaldhochstraße, rühmt sich, die meisten Übernachtungen in der Region zu verbuchen. Hier geben sich Winterurlauber und Kurgäste ein Stelldichein. Interessant ist das liebevoll hergerichtete Wilhelm-Hauff-Märchenmuseum. Man vermutet, dass das Märchen „Das kalte Herz" in der Umgebung der Stadt angesiedelt war. Das Museum gewährt auch Einblicke in die Tätigkeiten der Köhler, Glasbläser und Flößer. Ein Kohlenmeiler ist im ehemaligen Flößerdorf Enzklösterle zu besichtigen, bevor die heißen Quellen von Wildbach rufen. Gegen Rheuma, Wirbelsäulenschäden und Lähmungen sollen sie wahre Wunder wirken. Im engen Enztal gelegen, reihen sich die verschiedenen Bäder dicht aneinander: das alte Graf-Eberhardsbad mit Jugendstilelementen neben dem 1977 gebauten modernen Eberhardsbad, das König-Karls-Bad von 1895 neben dem neuen Thermalbewegungsbad. Die Kuranlagen reihen sich entlang der Enz auf. Auch Bad Herrenalb wartet mit Thermalquellen auf, die allerdings erst 1964 erschlossen wurden. Ein Aufenthalt im nahen Marxzell führt unweigerlich ins Fahrzeugmuseum, das zu Ehren von Karl Benz, der hier im Jahre 1844 geboren worden war, eingerichtet wurde. Zu guter Letzt sind in Neuenbürg Schloss und Schlosskirche in Augenschein zu nehmen.

DIE BÄDERSTRASSE UND DER ÖSTLICHE SCHWARZWALD

Die deutsche Uhrenstrasse

Rund um die Uhr dreht sich alles an der deutschen Uhrenstraße, die 1990 etabliert wurde und den Touristen etwa 320 Kilometer durch die schöne Schwarzwaldlandschaft auf den Spuren berühmter Uhrmacher wandeln lässt. Sie verbindet die Ortschaften Schonach, Triberg, Schramberg, Schwenningen, Villingen und Furtwangen.

Ein unverkennbares Uhrenmodell aus dieser Region machte schon früh international Furore: die Kuckucksuhr. Sie ist eines der weltweit beliebten Symbole für die Schwarzwaldregion. Für die einen faszinierend, für andere belustigend sind die Kreationen der filigran geschnitzten Holzhäuschen mit dem zur vollen Stunde erscheinenden Kuckuck. Pate für die Gestaltung soll das Bahnwärterhäuschen der badischen Staatsbahn um 1840 gestanden haben.

Nur der Erfinder des Kuckucks und des dazugehörigen Designs mit Blattdekor oder Jagdsymbolik konnte leider nicht so recht am Erfolg teilhaben, er blieb bis heute unbekannt. Ebenso sind die Anfänge der Uhrenproduktion generell nicht genau belegbar. Bekannt ist jedenfalls eine hölzerne Waaguhr, die etwa 1667 hergestellt wurde. Bezeichnend für die Waldregion ist, dass ein großer Bestandteil der Uhren aus Holz gefertigt wurde. Man sagt, dass die Fähigkeiten der „Wälderkünstler" mit den physikalischen und mathematischen Kenntnissen der Geistlichen in den zahlreichen Klöstern der Region eine fruchtbare Symbiose eingegangen sind.

Erhebliche Bedeutung kam dem Uhrengewerbe ab 1720 zu – der Raum Furtwangen entwickelte sich zur Hochburg der Produktion. Und so gab es Anfang des 19. Jahrhunderts im Schwarzwald circa 890 Uhrmacher. Die 24-Stunden-Uhr mit Holzlackschild und Schlagwerk machte 50 Prozent der Gesamtproduktion aus. Um die Produktion zu steigern, entstanden zahlreiche Nebengewerbe – die Arbeitsteilung wurde ein-

Kuckucksuhren

geführt. Und um den Vertrieb der enormen Produktion – um 1840 sollen jährlich etwa 600.000 Uhren hergestellt worden sein – zu bewältigen, wuchs auch die Anzahl

SCHWARZWALD

der Händler, die mit Rückentragen, den sogenannten Krätzen, voller Uhren durch das Land zogen, um die Ware zu verkaufen. Großhändler übernahmen es schließlich, die Zeitmesser in alle Welt zu verschicken. Aus der Uhrenmanufaktur wurde im Laufe der Jahre die Uhrenindustrie. Das Know-how wurde verfeinert, eine Vielzahl von Modellen wurde angeboten.

▶ Eine der weltgrößten Kuckucksuhren ist in einem kleinen Schwarzwaldhaus in Schonau zu besichtigen. 3,60 Meter breit und 3,10 Meter hoch ist das Schmuckstück.

Nostalgiker lieben die verspielten Kuckucks-, Figuren- oder Musikuhren, während Praktiker eher dem Wecker zugeneigt sind, von dem 1905 schon 4,1 Millionen Stück im Schwarzwald hergestellt wurden. Aber es gibt auch viele spezielle Entwicklungen, wie beispielsweise Brieftaubenuhren, Taxameter, Park-, Stech-, Stoppuhren oder auch Schachuhren.

All diese technischen Wunderwerke kann man in Furtwangen im Deutschen Uhrenmuseum bewundern; von der Sonnenuhr bis zur Atomuhr ist hier alles vertreten. Das Stadtmuseum Schramberg, sehr idyllisch in einem klassizistischen Schloss untergebracht, widmet eine große Abteilung den Uhren, in der auch die vier Meter hohe Artur-Junghans'sche Kunstuhr aus dem Jahr 1900 zu besichtigen ist.

Eine Uhrmacherwerkstatt mit den speziellen Werkzeugen und unterschiedlichen Formen der Schwarzwalduhr präsentiert das Heimat- und Uhrenmuseum in Villingen-Schwenningen. Ebenfalls in Villingen ist im Franziskanermuseum eine eindrucksvolle Ausstellung zu besichtigen, und im Uhrenindustriemuseum erfährt der Besucher viel über die Herstellung des Weckers und über historische Uhrwerk-Prinzipien.

Gleich zwei riesige Kuckucksuhren hat das Städtchen Schonach zu bieten: Die Maße des Uhrwerks der weltgrößten Kuckucksuhr im Eble Uhren-Park betragen 4,50 Meter mal 4,50 Meter. Und ein Schwarzwälder Uhrmacher lässt sich ebenfalls in Schonach in einer Kuckucksuhren-Unikaten-Werkstatt über die Schulter schauen.

Wer nach alledem endlich überzeugt ist, dass eine Kuckucksuhr ins Haus muss, der findet in Triberg, in der Uhrenfabrik Hubert Herr, ein umfangreiches Sortiment.

Östlich der Uhrenstraße, zwischen Schwarzwald und Schwäbischer Alb, liegt die älteste Stadt Baden-Württembergs: Rottweil. Der mittelalterliche Stadtkern beeindruckt mit erkergeschmückten Bürgerhäusern, aber auch mit einer modernen Kunstmeile unter freiem Himmel. Feste und Bräuche haben im Leben der Rottweiler einen festen Platz, und so begehen sie auch ihr schönstes Fest, die berühmte Rottweiler Fasnet, mit ganz besonderem Engagement.

DIE BÄDERSTRASSE UND DER ÖSTLICHE SCHWARZWALD

DIE ROTTWEILER FASNET

„Auf, wachet auf, wachet auf, Ihr alten Narren wachet auf, 's bricht der Tag an, zieht Euch nur rasch an, denn 's ist heut Fasnacht, die uns viel Freud macht ..." So beginnt der Rottweiler Narrenmarsch, der seit vielen Jahren zum Standardprogramm der Stadtkapelle Rottweil gehört. Die Rottweiler Fasnet gilt als eine der schönsten Fastnachten überhaupt. Sie zeichnet sich durch strikte Einhaltung der Tradition und Eigenständigkeit durch Unabhängigkeit von Sponsoren aus und wird ausschließlich von den Mitgliedern der Narrenzunft getragen. 1310 wurde die Fasnet erstmals urkundlich erwähnt, 1546 Larven und Verkleidung. Nach wechselvoller Geschichte durch die Jahrhunderte wurde die Narrenzunft im Jahre 1903 in Rottweil neu gegründet. Alles ist strengstens reglementiert: Die Figuren der Narren sind festgeschrieben, die Herstellung der Narrenkleider („Häs") und der Ablauf der Veranstaltung sind immer gleich. Höchstes Ziel ist es, das Brauchtum originalgetreu zu erhalten und vor Vermarktung zu schützen.

Das Spektakel beginnt am Dreikönigstag mit dem Narrenmarsch. Dann machen sich die Abstauber der Narrenzunft in Frack und Zylinder mit Staubbesen auf den Weg zu den Leuten, die ihre Narrenkleider schon zum Abstauben bereitgelegt haben. Nachdem Kleider und anwesende Personen vom Staub des vergangenen Jahres befreit wurden, begießt man gemeinsam die Zeremonie.

Am „Schmotzigen", dem Donnerstag vor den Fastnachtstagen, suchen Gruppen die Wirtshäuser heim und nehmen die Geschehnisse des letzten Jahres humorvoll auf die Schippe. Am Fasnachtssonntag übergibt der Bürgermeister das Regiment an die Narrenzunft, die Ausscheller durch die Gassen schickt, um die bevorstehende Veranstaltung zu proklamieren. Die großen Umzüge, die „Narrensprünge", am Fastnachtsmontag und -dienstag werden durch einen Glockenschlag eröffnet. Dann stürmen Reiter, die in altertümliche Trachten gekleidete Stadtkapelle und die Schar der Narren in ihren wundervollen traditionellen Kostümen durch das Schwarze Tor, das Wahrzeichen Rottweils, in die historische Altstadt, um das Publikum mit mehrstündigen Umzügen zu erfreuen. Folgende Narrenfiguren sind in den Umzügen vertreten: das „Gschell" mit lächelnder Maske, buntem Narrenkleid und schweren Schellenriemen; das „Biß" mit zerfurchter Männermaske und einem Fuchsschwanz auf der Haube; das „Fransenkleid"; der „Schantle"; der „Federahannes", der mit mächtigen, herausragenden Zähnen den Teufel darstellt; das „Bennerrössle", ein Scheinpferd mit Reiter, das von zwei Treibern mit Peitschen gebändigt wird, und der „Guller".

Die Masken, auch Larven genannt, sind aus Lindenholz geschnitzt und mit Ölfarbe auf Kreidegrund bemalt. Eigens hierzu entwickelte sich im Mittelalter das Fassmalerhandwerk. Die Künstler, die durch ihre Malerei den Figuren ihren ganz speziellen Charakter gaben, markierten die von ihnen geschaffenen Larven mit speziellen Zeichen. Oft tauchen eine Mondsichel und ein Punkt in ihnen auf. Bekannte Fassmaler aus Rottweil sind unter anderem Johannes Aberle und Eugen Dorn. Auch die Herstellung der Narrenkleider wird durch den „Narrenkleiderausschuss" strengstens kontrolliert, und die Häs werden nach Prüfung durch eine Plakette mit der Aufschrift „Original Rottweiler Narrenkleid" freigegeben. Heutzutage sind jährlich etwa 4.000 Narren beim Narrensprung in Rottweil unterwegs.

| SCHWARZWALD

In Bad Wildbach drängen sich die Gebäude dicht aneinander.

IM ENGEN ENZTAL

DIE BÄDERSTRASSE UND DER ÖSTLICHE SCHWARZWALD

Die 1825 erbaute Hexenlochmühle in Furtwangen. Das Wasserrad von vier Metern Durchmesser treibt zwei Sägen an.

EINE TYPISCHE ALTE SCHWARZWALDMÜHLE

▼ **Wie gemalt** säumen die kunstvoll gestalteten Fachwerkhäuser die Straßen und Plätze von Bad Herrenalb.

DIE BÄDERSTRASSE UND DER ÖSTLICHE SCHWARZWALD

Das Kurzentrum von Bad Teinach

SCHWARZWALD

▶ Die Demonstration traditioneller Handwerke ist den Schwarzwäldern ein Anliegen. Ein Glasbläser zeigt seine Fertigkeiten.

Ein Köhler auf dem Kohlenmeiler

Die Schäppelmacherin

DIE BÄDERSTRASSE UND DER ÖSTLICHE SCHWARZWALD

Die Nagold mündet in Pforzheim in die Enz

Rauschende Bäche im Monbachtal

◂ Die Klosterruine Hirsau ist im Sommer eine beliebte Kulisse für Freilichtspiele.

DIE BÄDERSTRASSE UND DER ÖSTLICHE SCHWARZWALD

Motorwagen von Carl Benz

◀ **Diese Apotheke in Wiesloch** gilt als erste Tankstelle der Welt. Hier hat Bertha Benz sich auf ihrer Fahrt von Mannheim nach Pforzheim mit Kraftstoff versorgt.

▶ Das Bickentor – eines der drei von vier noch erhaltenen Stadttoren aus dem 13. Jahrhundert in Villingen

DIE BÄDERSTRASSE UND DER ÖSTLICHE SCHWARZWALD

◄ Zahlreiche Brunnen prägen das Stadtbild von Villingen: der Narrobrunnen (oben links) mit der Leitfigur der Fasnet „Narro" im fantasievollen Gewand; Details des Münsterbrunnens von Klaus Ringwald (oben rechts und unten). Die Materialien Bronze, Gold, Emaille, Polyester und Beton stehen für verschiedene Kultur- und Stilepochen.

| SCHWARZWALD

DIE BÄDERSTRASSE UND DER ÖSTLICHE SCHWARZWALD

◀ Das mittelalterliche **Stadtbild** von Rottweil imponiert mit kunstvoll gestalteten Erkern und geschmiedeten Schildern.

▶ **Der Apostelbrunnen** in Rottweil. Im Hintergrund sieht man das Schwarze Tor, die Kulisse der „Narrensprünge" und Wahrzeichen Rottweils.

| SCHWARZWALD

▶ Sommerlandschaft bei Hinterzarten. Kaum vorstellbar, dass der Skizirkus hier auch im Sommer tobt.

Der südliche Schwarzwald
UND FREIBURG

Auf den Gipfeln des südlichen Schwarzwaldes

Der Schwarzwald, Deutschlands höchstes Mittelgebirge, bietet dem Besucher mit seinen vielen Berg- und Tallandschaften optimale Wander- und Wintersportbedingungen. Im Sommer locken die Berge mit moderaten Temperaturen zum Wandern, von Dezember bis März tummeln sich die Wintersportler auf den zahlreichen Pisten und Loipen.

Südlich von Freiburg befinden sich die höchsten Gipfel des Schwarzwaldes: Der Feldberg führt die Riege als höchster Berg mit 1.493 Metern an, es folgen das Herzogenhorn (1.415 Meter), der Belchen (1.414 Meter), der Schauinsland (1.284 Meter) sowie der Blauen (1.165 Meter).

Der Feldberg gilt als eines der schneesichersten Gebiete des Schwarzwaldes und lockt außer mit verschiedenen Pisten und Loipen – teilweise mit alpinen Schwierigkeitsgraden – mit Freerider-Strecken und dem Snowboard Funpark die Wintersportfans an. Für die Kleinsten von der Partie gibt es Kinderskigärten. Das Feldbergareal umfasst das Wintersportzentrum Feldberg sowie die Skigebiete Altglashütten, Menzenschwand, Todtnauberg und Muggenbrunn. Insgesamt 28 Lifte stehen hier zur Verfügung, und die Schwierigkeitsgrade der Pisten reichen von leicht bis anspruchsvoll. Für Skilangläufer werden 120 Kilometer Loipen ständig gespurt, und auch hier sind die Schwierigkeitsgrade unterschiedlich. Im Feldberggebiet befinden sich zwei der höchstgelegenen Loipen Baden-Württembergs: die 4 Kilometer lange Köpfle-Loipe und die 1,7 Kilometer lange „Freestyle-Runde Feldberg" am Fuß des Seebucks, der benachbarten Bergkuppe des Feldbergs. Beide krönt ein Fernsehturm. Der alte Turm mit Aussichtsplattform für großartige Panoramablicke steht auf dem Feldberggipfel, der neue, ohne Aussichtspunkt, auf dem Seebuck. Der Snowboard Funpark bietet auf zwei Tables jede Menge Spaß für wagemutige Boarder. Die Benutzung erfolgt auf eigene Gefahr – vielleicht sollte man doch nicht allzu große Sprünge wagen! Dank einer Flutlichtanlage besteht die Möglichkeit, bis in die späten Abendstunden Ski zu laufen, zu snowboarden

◀ **Blick auf die weite Hügellandschaft** des Feldbergs – Balsam für die Seele

SCHWARZWALD

oder zu carven. In diversen Hütten kann man sich von den Anstrengungen erholen, für weitere Unternehmungen stärken oder dem Après-Ski frönen.

Aber auch in den Sommermonaten hat der Feldberg seinen Reiz. Die subalpine Vegetation steht unter Naturschutz. Alpenpflanzen wie der Gelbe Enzian oder der Blaue Sumpfstern und sogar Gämsen und Auerwild finden hier günstige Lebensbedingungen. Seit 1989 kümmert

▶ **Schade,** dass die Sportler beim Sommerskispringen in Hinterzarten den tollen Blick auf die Landschaft wohl kaum genießen.

sich ein Ranger um die Belange von Flora und Fauna. Seit 2005 beginnt hinter dem „Haus der Natur" der Naturerlebnisweg „Wichtelpfad im Auerhahnwald". Auch Mountainbiker finden ein weitläufiges Netz markierter Radwege vor, und Nordic-Walking-Fans freuen sich über ausgeschilderte Strecken.

Die kleinen Orte in der Umgebung haben ebenfalls einiges zum Gelingen des Aufenthalts anzubieten.

Hinterzarten, das auf einer Höhe von 850 bis 1.200 Metern liegt, ist ein beliebter Kurort und scheint zum Wandern und Skilaufen prädestiniert. Wilhelm Paulcke, der Schneeschuh-Pionier, unternahm um 1865 schon Touren auf die Feldberghöhen, 1896 bestieg er auf Skiern mit selbstentworfener Skibindung einen Dreitausender, 1905 wurde er Mitbegründer des Deutschen Skiverbandes. Der erfolgreiche Skispringer Sven Hannawald wuchs in Hinterzarten auf, und es ist der Heimatort von Georg Thoma, Weltmeister und Olympiasieger in der nordischen Kombination, und seines Neffen Dieter Thoma, Weltmeister und Olympiasieger im Skispringen.

Vielleicht hilft ja für so viel Erfolg das Beten in der hübschen ehemaligen Wallfahrtskirche mit dem Zwiebelturm von 1722. Eine Besonderheit sind die unter Denkmalschutz stehenden Sonntagsläden vor der Kirche; früher, als die Waldbauern nur zum Kirchgang in den Ort kamen, konnten sie dort gleich ihre Einkäufe erledigen.

Heute muss den Besucherströmen schon etwas mehr geboten werden, und das versucht Hinterzarten mit edlen Shops, exklusiven Wellnessangeboten, erstklassiger Gastronomie und einem breiten Veranstaltungsangebot. Themenwanderungen, Kurkonzerte, Kutschfahrten, Musikfestivals und große Sportveranstaltungen unterhalten die Gäste der Stadt. Das Sommerhighlight in Hinterzarten schlechthin aber ist der „Sommer Grand Prix" im Schanzenzentrum im August jeden Jahres, zu dem sich die Weltelite der Skispringer versammelt. Die Schanzen sind das ganze Jahr

▶ **Die Hochfirstschanze** hoch über Titisee, die größte Natursprungschanze Europas, im Sommer

SCHWARZWALD

sprungbereit und stehen den Sportlern für Trainingseinheiten zur Verfügung. Von Mai bis Oktober finden für interessierte Besucher Schanzenführungen statt. Das Skimuseum des Höhenluftkurortes unterstreicht nochmals die Kompetenz zu diesem Thema.

Ganz in der Nähe zählt Titisee, ein moderner Kurort mit zahlreichen Hotels und Gasthöfen, zu den meistfrequentierten Orten der Region, und so ist hier der Tourismus auch der Hauptwirtschaftszweig. Der Titisee, bis zu 45 Meter tief, ist für Wassersportler ein attraktives Ziel.

Kinderskischule

Der See steht unter Naturschutz und darf deshalb mit Motorbooten nicht befahren werden. Mit dem nötigen Kleingeld wohnt man in Treschers Schwarzwaldhotel oder im Hotel Maritim direkt am See, mit privatem Badestrand oder Liegewiese. Um auch im Winter allen Bedürfnissen gerecht zu werden, entsteht ein Badeparadies sowohl für Erholungssuchende mit Wellnessbereich in tropischer Atmosphäre als auch als Erlebnisbad für Familien. Beide Bereiche werden getrennt untergebracht in einem repräsentativen Bau, der einem typischen Schwarzwaldhaus nachempfunden sein wird. Die Wintersportler können sich auf zehn Langlaufloipen oder Schneeschuhwanderungen in unberührter Natur freuen, auf Eislaufen auf dem Titisee oder Eisstockschießen – auch bei Flutlicht – im Natureisstadion. Die 1,2 Kilometer lange Naturrodelbahn bietet ein weiteres Vergnügen. Die größte Natursprungschanze Europas, die Hochfirstschanze, sollte man dann aber doch lieber den Profis überlassen.

Südwestlich des Feldbergs liegt das Örtchen Todtnau, mitten im Todtnauer Ferienland. 250 Kilometer markierte Spazierwege und die Todtnauer Wasserfälle, die mit 97 Metern die höchsten Naturwasserfälle Deutschlands sind, machen es nicht nur im Sommer attraktiv. Wintersportler können zwischen gebahnten Winterwanderwegen, 22 Skiliften und 60 Kilometer Loipen wählen. Am Hasenhorn, dem 1.158 Meter hohen Hausberg Todtnaus, gibt es als weiteren Höhepunkt die längste Winterrodelbahn Baden-Württembergs.

Der Glasbläserhof in Todtnau sowie die Glasbläserei Altglashütten in der Gemeinde Feldberg geben Besuchern Einblicke in ein traditionelles Schwarzwälder Handwerk. Fast wie vor 2.000 Jahren wird hier in Schauwerkstätten Glas geblasen. Der Schwarzwald lieferte alles, was man zum Glasblasen benötigte: Granit und Buntsandstein, Bäche mit Quarzsand und Buchenholz zur Gewinnung von Pottasche. Unmengen von Buchenholz wurden zur Glasherstellung gebraucht. Wenn ein Wald gerodet war, zogen die Glasbläser weiter, und so blieben fast nur die Nadelwälder erhalten. In Werkstatt, Museum und Verkaufsshop kommen Besucher dem wertvollen Material ganz nahe.

Die sportlichen Gäste begeistern sich für den Klettergarten mit 15 bis 35 Meter hohen Kletterfelsen oder gehen auf Mountainbiketour auf einer der 20 abwechslungsreichen Routen. Auch der MTB-Fun-Park mit seinen drei verschiedenen Mountainbiketrails sorgt für manchen Adrenalinschub. Die 2,8 Kilometer lange Coaster Rodelbahn bietet sicher ebenso einen unvergesslichen Kick. Mit Kurven, Kreiseln und Wellen sorgt sie ganzjährig für Aufregung. Ob man das tolle Panorama auf der rasanten Fahrt so richtig genießen kann, ist eine andere Sache.

Südlich des Feldbergs macht Bernau in mancherlei Hinsicht von sich reden. Für viele ist dieser Ort im acht Kilometer langen Hochtal zu Füßen des Herzogenhorns der schönste im Naturpark Südschwarzwald. So sah es auch der Maler Hans Thoma, der 1839 hier als Sohn eines Holzarbeiters geboren wurde. In zahlreichen naturalistischen Landschaftsmalereien und Motiven bäuerlichen Lebens setzte er seiner Heimat ein Denkmal. Seine Schwarzwaldlandschaften hängen beispielsweise in der Kunsthalle Bremen oder in den Staatlichen Museen Berlin. Bernau wartet auf mit dem Hans-Thoma-Museum und dem Geburtshaus des Künstlers, der erst im hohen Alter zu Ehren kam. Seit 1949 wird in Bernau alljährlich am zweiten Augustwochenende der Hans-Thoma-Tag mit Kunst, Kultur, Brauchtum und Konzerten begangen. Hier, in der traumhaften Landschaft des Hochtals, sind noch die typischen alten Schwarzwaldhöfe zu finden. Der Resenhof aus dem Jahre 1789 erlaubt dem Besucher einen Einblick in das bäuerliche Leben und zeigt, wie Mensch und Vieh im Schwarzwaldhaus unter einem Dach lebten und wie das Schnefler-Handwerk entstand, das den Menschen half, die langen Winter zu überbrücken. So gab es um 1850 in Bernau 200 Schnitzer, die bis zu 280 unterschiedliche Produkte fertigten, vom Kochlöffel über Kübel, Kuckucksuhren und Spanschachteln bis zu Holzspielzeug und Möbeln.

◀ **Die Rothaus-Bahn am Ahornbühl** bei Todtnau bedient eine vier Kilometer lange Skiabfahrtsstrecke – die längste im Schwarzwald.

Heute sind die Winter im Bilderbuch-Hochtal vom Wintersport geprägt. So hat sich Bernau im Schlittenhunderennen europaweit profiliert. Jährlich, während der „Bernauer Winterwaldwoche" im Februar, gehen fast 1.000 Huskys an den Start. Da geht es um Europameisterschaften und Weltmeistertitel, wenn das Heulen der Huskys das Tal erfüllt. Besonders imposant sind die großen Gespanne mit bis zu zwölf Hunden. Aber nicht nur die Tiere vermitteln das „Alaska-Feeling", es werden Tipis und Jurten, die Zelte der Nomadenvölker des weiten Nordens, aufgebaut. Techniken des Iglubaus und Feuermachens werden demonstriert, und natürlich zeigen die Huskygespanne ihr Können. Schneevergnügen wie Langlauf, Rodeln oder Snowboarden sind bei solchen großen Ereignissen nicht wegzudenken. Ebenso gibt es Pistenbully-Erlebnisfahrten.

Der neueste Hit der Wintervergnügungen heißt Snowtubing. Bernau bietet für diesen Spaß zwei präparierte, durch Schneewälle begrenzte Bahnen, auf denen die knallbunten Snowtubes, das sind spezielle Reifen, in rasanter Fahrt samt Besatzung ins Tal schlittern. Bei guten Schneeverhältnissen wird zusätzlich eine „Horrorbahn" mit Steilwandkurven für ganz Unerschrockene eingerichtet. Aber keine Angst, die guten alten Skihaserl trifft man auch noch auf den Pisten.

Nordwestlich des Feldbergs lockt ein weiterer Riese mit 1.283 Meter Höhe, der Schauinsland, Freiburgs Hausberg. Mit der Kabinen-Seilbahn gelangt man bequem auf die Bergstation in 1.220 Meter Höhe, wo sich wieder einmal ein grandioser Panoramablick über Freiburg, das Rheintal und die Vogesen bietet. Für Sport und Abenteuer ist auch hier gesorgt: Von Mai bis Oktober geht's mit Helm und Gelenkschützern auf einem High-Tech-Roller 8 Kilometer auf Europas längster Downhill-Rollerstrecke zur Talstation. Keine Angst, man muss nicht, man kann! Einblicke ins Berginnere liefert aber auch das größte Besucherbergwerk des Schwarzwaldes und der Vogesen. Hier können 800 Jahre Bergbaugeschichte im größten Silberbergwerk Süddeutschlands in 2,5 Stunden nachvollzogen werden. Ein weiterer Ausflugspunkt auf dem Berg ist das 400 Jahre alte Bergbauernhaus „Schniederlihof" aus dem Jahr 1593. Wie hart das Leben der Bergbauern war, besonders im Winter, gerät völlig in Vergessenheit, wenn die Urlauber die Skigebiete „Haldenköpfle" oder „Hofsgrund" des Schauinslands stürmen. Das Gebiet „Haldenköpfle" bietet ein schneesicheres Familienrevier mit einfachen bis mittelschweren Abfahrten, Loipen und Rodelbahnen. Zwei Lifte, Flutlicht und Beschneiung sorgen für Komfort. Das von Freiburg nur 20 Kilometer entfernte Gebiet „Hofsgrund" konkurriert mit fünf Liften, und von 19

▶ **Das Schlittenhunderennen** bei Bernau ist eine der jährlichen Attraktionen im winterlichen Schwarzwald.

bis 22 Uhr können gestresste Freiburger bei Flutlicht ihren Feierabend auf der Piste begehen. Zu anderen Jahreszeiten ist die herrliche Landschaft rund um den Berg auch mit dem Cityrad oder Mountainbike zu erobern.

Nur wenige Kilometer entfernt befindet sich der Steinwasenpark in Oberried, eine Kombination aus Wild- und Erlebnispark. Auch hier wieder ein Superlativ: die weltgrößte Erlebnisseilbrücke mit einer Länge von 218 Metern in 30 Meter Höhe. Da sollte schon schwindelfrei sein, wer von hier aus den Blick ins Tal und in die Wildgehege riskieren will. Zwei Sommerrodelbahnen, 800 Meter lang, sorgen neben dem „Spacerunner" und dem „Gletscherblitz" ebenfalls für Nervenkitzel. Beschaulicher tuckert man mit der „Schwarzwaldbahn" durch das großzügig angelegte Gelände. Zoologische Kenntnisse sind von Vorteil, wenn man Rot-, Sika-, Stein-, Dam- und Muffelwild voneinander unterscheiden will. Aber auch der Laie erfreut sich an den über 20 verschiedenen Wildtierarten, die von Hochständen und Aussichtspunkten beobachtet werden können.

In südwestlicher Richtung erhebt sich monumental der Belchen mit seinen 1.414 Metern und seiner Kuppe aus Granit. Zu seinen Füßen zieht sich das Münstertal mit Wiesen, Wald und Weiden lieblich über 17 Kilometer durch die Landschaft. Der in Münstertal geborene Bildhauer Franz Gutmann hat in Holz, Stein oder Metall manche Akzente mit Brunnen, Reliefs oder Plastiken in seiner Heimatregion gesetzt. Das für Besucher freigegebene ehemalige Silberbergwerk Teufelsgrund sollte mit dem Ausbau des Schindlerstollens der Münstertaler Bergbautradition ein Denkmal verschaffen.

Dabei hat man zufällig die besondere Wirkung der reinen Luft unter Tage auf Asthmatiker entdeckt. Seither ist in einem Seitenstollen eine spezielle „Asthma-Therapie-Station" eingerichtet. Die hier herrschende Staub-, Keim- und Allergenfreiheit ist das Elixier für Asthmakranke.

◀ Die Nachbildung eines Stollenmundloches bei Blankenburg ist Teil eines Bergbaulehrpfades.

Ein weiterer Anziehungspunkt im Münstertal ist der durch eine Fernsehserie bekannt gewordene Kaltwasserhof aus dem 18. Jahrhundert, ein kleines Schwarzwaldhaus, wie es etwa für Waldarbeiter oder Bürstenmacher üblich war. Seit 1955 im Privatbesitz der Familie Bert, wurde es liebevoll restauriert und stand für Dreharbeiten des TV-Vierteilers „Schwarzwaldhaus 1902" zur Verfügung. Eine fünfköpfige Familie lebte hier wie anno dazumal – ohne Strom und fließendes Wasser – und kämpfte ums Überleben. Die Serie stieß auf große Resonanz.

Alles über fleißige Bienen, die es jedenfalls schon länger als die Tagelöhnerhäuschen gibt, erfährt man im Bienenkundemuseum im Ortsteil Obermünstertal. Die Tierchen tummeln sich auch auf den Bergwiesen zwischen den Gipfeln von Belchen und Schauinsland, wo sich ein kleines barockes Juwel mit Zwiebelturm und

imposanter Kuppel aus der Landschaft erhebt: die Abtei St. Trudpert. Von Nonnen bewirtschaftet, verfügt das Kloster über zwei Gästehäuser, die für Erholungssuchende oder Tagungen zur Verfügung stehen. Diverse Loipen werden für winterliche Besucher gespurt. Auf

▶ Aus dem ehemaligen Markgrafen-Bad wurde durch Modernisierungsarbeiten die Cassiopeia-Therme.

die Piste geht man zur Viereck- und zur Sternschanze. Der Gipfel des Belchen ist seit 2001 mit der Expo-Skyliner-Kabinenbahn in vier Minuten zu erreichen. Das Belchenhaus in 1.360 Meter Höhe ist das höchstgelegene Gasthaus Baden-Württembergs. Rund um den Gipfel entstanden ein großer autofreier Bereich und ein Naturschutzgebiet von etwa 1.600 ha. Seltene Schmetterlings-, Käfer- und Vogelarten haben das Terrain für sich in Anspruch genommen. Hier leben Zitronengirlitze, Wasserpieper, Auer- und Haselhühner. Die nicht mehr genutzte Bergstraße steht jetzt den Wintersportlern zur Verfügung.

Der in Blickweite liegende Blauen bietet von seinem Aussichtsturm unvergessliche Eindrücke von den Vogesen und den Schweizer Alpen. Acht Kilometer nordwestlich blickt man auf Badenweiler. Das internationale Heilbad präsentiert sich mit malerischen Winkeln, Luxushotellerie, gepflegten Gärten, großherzoglichem Palais am Schlossplatz und mittelalterlicher Burgruine sehr mondän. Mammutbäume, Zedern, Palmen, Lorbeer und Bananenstauden umgeben das terrassenförmig angelegte Kurhaus und vermitteln mediterranes Flair. Hübsche Fassaden, prachtvolle Jugendstilbauten und Villen mit parkähnlichen Gärten formieren sich zur perfekten Kulisse für den gehobenen Kurbetrieb. Die Relikte des Römischen Bades im Kurpark gelten als die besterhaltenen nördlich der Alpen und sind Zeugen einer Badekultur aus dem Jahre 75 n. Chr. Seit dieser Zeit dreht sich in Badenweiler alles um die heilende Quelle, aus der täglich etwa 1 Million Liter Wasser sprudelt. Hiervon wird auch die Cassiopeia-Therme versorgt. 1875 im klassizistischen Stil erbaut, wurde sie im Laufe der letzten Jahre renoviert, mit einer riesigen Kuppel versehen und durch eine 1.500 m² große Sauna- und Wellnesslandschaft erweitert. Da bleiben keine Wünsche offen.

Das Neueste, was die Region zu bieten hat, ist die „Deutsche Motorradstraße", ein Rundkurs mit Start und Ziel auf dem Blauen. Die kurvenreiche Strecke mit der traumhaften Naturszenerie ist abwechslungsreich und bietet Touren für jeden Anspruch. Südwestlich des Blauen ist Schloss Bürgeln ein sehenswerter Ausflugspunkt. Das Barockschloss ist ganzjährig geöffnet und imponiert mit einer einzigartigen Schlosskapelle mit Rokokodekorationen, Putten und wunderschönen Gartenanlagen.

DER EUROPA-PARK IN RUST

Folgt man von Freiburg der Europastraße 35 nach Norden, machen große Hinweisschilder auf den Europa-Park in Rust neugierig. Wer Kinder dabeihat, kommt um einen Besuch auf keinen Fall herum. Nur sollte man sich den ganzen Tag Zeit nehmen, um all die Attraktionen in Deutschlands größtem Freizeitpark sehen und erleben zu können.

Zwölf europäische Themenbereiche sollen dem Besucher typische Architektur, Flora und Kultur des jeweiligen Landes vermitteln. Zahlreiche Attraktionen zum Anschauen oder Mitmachen ergänzen das Erlebnis. Mit der Panoramabahn kann man sich ganz gemütlich erst einmal einen Überblick verschaffen, ehe man sich entscheidet, die musikalische Unterhaltung in ausgesuchten Etablissements, die Natur in den kleinen Oasen der Ruhe oder die Leckereien in den vielen Gastronomiebetrieben zu genießen, während die Kleinen sich in der „Welt der Kinder" amüsieren, die in einer Nordseelandschaft angesiedelt ist. Mit Leuchtturm, Dünen und viel Wasserspaß ist der Tag gerettet, und auf der Freilichtbühne kann es beim Tanzen und bei der Schatzsuche recht lustig werden.

Auch die Schönheiten der Natur wurden bei der Anlage des Parks bedacht: Seerosen schwimmen auf den Gewässern, große Blumenrabatten und exotische Pflanzen sind zu entdecken. Uralte Bäume am großen See und am Ufer der Elz spenden Schatten im Abenteuerland, wo man die Gewässer in wenigen Minuten mit der „African Queen" oder auf einer Dschungel-Floßfahrt erobern kann. In der Märchenallee und in Wichtelhausen gibt es manch schöne Geschichte zu erleben, und eine Eisshow sorgt zusätzlich für Unterhaltung. Für Gäste, die dies alles etwas länger genießen möchten, stehen vier ausgezeichnete Hotels zur Verfügung: „El Andaluz", „Castillo Alcazar", „Santa Isabel" und „Colosseo". Etwas preiswertere Übernachtungsmöglichkeiten bieten das Gästehaus, das Tipidorf und das Caravaning-Areal, und Leute, die nur Essen zu langweilig finden, kehren in der Erlebnisgastronomie ein. Beim „Alemannischen Rittermahl" begleiten Gaukler das Sechs-Gang-Menü. „Dinner & Movie" steht ganz im Zeichen der Filmkunst, und „Indonesia Malam" bringt dem Gast den Fernen Osten ganz nahe.

Langweilig wird es also sicher nicht im Europa-Park, dem Freizeitpark mit einer sensationellen Erfolgsgeschichte: Die Familie Mack, seit 1870 im Schausteller- und Karussellbaugeschäft tätig, wollte zunächst nur eine Ausstellung für die hauseigenen Fahrgeschäfte schaffen. Im Eröffnungsjahr 1975 kamen jedoch schon 250.000 Besucher, 1978 waren es schon eine Million. Durch ständige Erweiterungen und Innovationen sowie den hohen Qualitätsanspruch der Betreiber hat sich der Familienbetrieb zum größten Publikumsmagneten im Schwarzwald entwickelt.

Freiburg

Mehr als 10.000 bunt bemalte Zinnfiguren, viele in kriegerischer Absicht, bevölkern die oberen Geschosse des Schwabentores, eines der beiden noch erhaltenen Tore aus der ersten Stadtbefestigung in der malerischen Altstadt Freiburgs. Ein Hobbykünstler

Blick auf Freiburg

gründete 1965 die Sammlung der kleinen Figuren, die er ständig durch immer neue Darstellungen regionaler historischer Ereignisse erweiterte. In zahlreichen Dioramen ist die ungeheure Fleißarbeit in Miniaturlandschaften zu bewundern, und der Betrachter entdeckt inmitten der Szenerien von Bauernkrieg oder Badischer Revolution die Individualität der Figuren. Das um 1250 erbaute Schwabentor, ein Teil der Wehranlage, hat vermutlich viele der Charaktere erlebt. Durch dieses Tor führte auch die alte Salzstraße, und heute noch ziert das Bild eines Salzkaufmanns aus dem 16. Jahrhundert die Innenseite der Fassade. Vom Schwabentor aus kann man bequem die großteils autofreie Altstadt erkunden, immer dem Verlauf der Bächle – im Mittelalter angelegte Wasserläufe zur Versorgung der Bewohner mit Brauchwasser – nach. Der dominante Mittelpunkt der Altstadt ist seit dem 13. Jahrhundert das Münster.

Der 116 Meter hohe Westturm mit seinem 43 Meter hohen durchbrochenen Helm kann bestiegen werden und bringt einen dem Himmel ganz nah. Imposant ist der Ausblick durch das sandsteinerne filigrane Maßwerk auf die zu Füßen liegende pittoreske Altstadt und die fernen Gipfel des Schwarzwaldes. Der Bau der Domkirche „Unserer Lieben Frau", so der Name des Münsters, zog sich über mehrere Jahrhunderte hin. Diverse Baumeister hinterließen hier ihre Spuren und gaben dem Bauwerk romanische und gotische Stilelemente. Besonders beeindruckend sind die mittelalterlichen Fenster mit den Glasmalereien. Von den Zünften oder wohlhabenden Bürgern finanziert, erzählen sie kirchliche und weltliche Geschichten, und ihr Farbenspiel ist überwältigend. Sie heißen Bäckerfenster, Schmiedefenster, Schneiderfenster oder Tulenhauptfenster. Bemerkenswert sind auch die vier Orgeln des

DER SÜDLICHE SCHWARZWALD UND FREIBURG

Münsters, die alle von einem einzigen Spieltisch bespielt werden können und deren Klang man unbedingt bei den Orgelkonzerten von April bis Dezember samstags um 11.30 Uhr oder von Juni bis September dienstags um 20.15 Uhr genießen sollte. Eine weitere Attraktion an der Außenfassade des Münsters sind die vielen Wasserspeier, ein Sammelsurium bizarrer Figuren, an denen man sich nicht sattsehen kann.

Aber es gibt auch noch andere bemerkenswerte Gebäude rund um den Münsterplatz, die nach zahlreichen Kriegsschäden wieder liebevoll rekonstruiert wurden. Eines davon ist das historische Kaufhaus, ein spätgotischer Bau mit Treppengiebeln und Rundbogenarkaden. Zwei filigrane Erker mit kunstvoll gedeckten Spitzhelmen zu beiden Seiten des Balkons zieren das rot geputzte Haus aus dem frühen 16. Jahrhundert, unter dessen Arkaden einst die Kaufleute ihre Waren feilboten. Die Fassade über dem Balkon fokussiert den Blick auf vier gekrönte Häupter aus der Dynastie der Habsburger. Die historischen Räume, in denen ehemals die Marktverwaltung und später das Parlament Südbadens residierten, stehen heute für Veranstaltungen zur Verfügung. Das Markttreiben hat sich rund um das Münster sowie in der Markthalle am Martinstor, dem zweiten erhaltenen Tor der mittelalterlichen Wehranlage, etabliert. Weitere sehenswerte Gebäude am Münsterplatz sind das erzbischöfliche Palais mit seinen wunderschönen schmiedeei-

◀ **Die Geschäftsstraße zum Martinstor** brilliert mit wunderschön restaurierten Fassaden.

sernen Balkongittern und das Haus „Zum schönen Eck", erbaut 1761 als Wohnhaus des Bildhauers Christian Wentzinger – ein Selbstbildnis am Balkongitter weist darauf hin –, in dem heute das Museum für Stadtgeschichte untergebracht ist. Ein besonderer Blickfang ist hier das Treppenhaus. Eine weitere Perle im

▶ Das Grab der Caroline Walter ist eines der schönsten Grabmale auf dem Freiburger Friedhof. Es wird regelmäßig von Besuchern frequentiert.

Stadtbild ist das „Haus zum Walfisch", in dem der Humanist Erasmus von Rotterdam 1529 bis 1531 wohnte. Gelegen am Kartoffelmarkt, wo fliegende Händler Kunstgewerbe anbieten, beeindruckt es als eines der schönsten spätgotischen Bürgerhäuser Freiburgs mit einem prächtigen Portal und Erker.

Beim weiteren Bummel durch die Altstadt sollte man den Blick auch hin und wieder mal auf das Gehwegpflaster richten. Kunstvoll sind überall – besonders rund um das Rathaus – Wappen und Embleme in die zum großen Teil aus halben Rheinkieseln gepflasterten Wege eingearbeitet. Neben den berühmten Bächle, die die Altstadt mit einer Länge von etwa 15 Kilometern durchziehen und vom seltenen Berufsstand der Bächleputzer gepflegt werden, sind sie eine weitere Besonderheit der Universitätsstadt.

Apropos Universität: Diese wurde im Jahre 1457 gegründet und verlockt heute etwa 30.000 Studenten, in der Stadt mit dem südlichen Flair zu studieren. 1899 wurde die erste Frau in Deutschland an der Freiburger Universität immatrikuliert. In den kleinen Gässchen und rund um die vielen idyllischen Plätze lässt es sich wunderbar leben. Kleine Läden und gemütliche Gastronomiebetriebe verbergen sich hinter den hübschen Fassaden.

Die Haupteinkaufsmeile ist die Kaiser-Joseph-Straße mit einer guten Auswahl an Kaufhäusern und Fachgeschäften. Der Stadtverkehr wird von Fahrrädern dominiert, wurde doch in Freiburg Deutschlands erstes Wegenetz für Mountainbiker eingerichtet. Und auch sonst gibt man sich ökologisch: Auffallend viele Naturkostläden, Ökobauern und Naturwinzer rechtfertigen die Bezeichnung „Ökohauptstadt". Dank der vielen Sonnenstunden haben sich die Solarstromerzeuger hier schon so manches Denkmal gesetzt. Einige Wohnblocks der 60er Jahre sind mit Solarfassaden versehen, und die höchste Photovoltaik-Fassade Süddeutschlands ist mit 240 Solarstrommodulen an der Südfront des Solar Tower am 1999 neu gestalteten Bahnhofsareal zu bewundern. Hier werden jährlich 24.000 Kilowattstunden Sonnenenergie erzeugt. Der Büroturm ist mit 19 Stockwerken das zweithöchste Gebäude der Stadt nach dem Münster und bietet mit der rundumverglasten Kagan-Lounge im 18. Stockwerk einen einmaligen 360-Grad-Panoramablick auf den Schwarzwald, bis hin zum Kaiserstuhl und den Vogesen. Die Lounge, gestaltet nach den Maximen des New Yorker Stardesigners Vladimir Kagan, bietet neben zeitloser klassischer Eleganz auch eine hervorragende Küche und ist eine von Freiburgs angesagtesten Locations zum Essen und Tanzen.

Neben all den urbanen Schönheiten finden sich in Freiburg aber auch kleine grüne Oasen: Der Stadtgarten verführt zum Relaxen. Von hier kann man auch ganz gemütlich mit der Seilbahn auf den Schlossberg fahren, den Ausblick genießen oder im 1805 erbauten Greiffenegg-Schlössle, einem Restaurant mit dem Charme aus kaiserlich-königlichen Zeiten, einkehren.

Wieder an der Talstation, lädt der nahe alte Friedhof mit sehenswerten Gräbern aus der Zeit des Rokoko, des Klassizismus und des Biedermeier zum Spaziergang ein. Das Grab der Caroline Walter, ein in Stein gemeißeltes Abbild eines jungen Mädchens, ist besonders beliebt und wird seit 1867 fast täglich von

▼ **Freiburgs neuer Hauptbahnhof** mit dem Solar Tower setzt einen Kontrapunkt zur historischen Altstadt.

▼ **Das Colombi-Schlössle** beherbergt das Museum für Ur- und Frühgeschichte. Zahlreiche Ausgrabungsstücke gewähren Einblicke in verschiedene Epochen.

| SCHWARZWALD

▶ **Die Universität Freiburg** hatte schon zahlreiche prominente Studenten: Konrad Adenauer, Alfred Biolek und Wolfgang Schäuble haben sich hier unter anderen aufs Leben vorbereitet.

unbekannten Freiburgern mit frischen Blumen versorgt.

Mit einer weiteren Grünfläche lockt der Colombi-Park auf der gegenüberliegenden Seite der Altstadt mit dem Colombi-Schlössle, einem Museum für Vor- und Frühgeschichte im Stil der englischen Tudorzeit. Der englische Landschaftsgarten mit exotischen Pflanzen wird auch gern für Skulpturenausstellungen genutzt.

Sommerliche Großveranstaltungen machen Freiburg auch immer wieder zum Anziehungspunkt der Region. Das seit 1983 jährlich veranstaltete Zeltmusikfestival präsentiert große Stars in einer Mischung aus Klassik, Pop, Jazz, Rock und Chanson. Mit Roger Cicero, „Ich & Ich" oder Annett Louisan seien hier nur einige der auftretenden Künstler genannt. Das Weinfest auf dem Münsterplatz bietet der Freiburger Gastronomie und den Winzern sechs Tage im Juli ein Forum, und der Freiburger Münstersommer von Juni bis September belebt mit Musik, Lesungen, Museumsnächten und Straßentheater Plätze, Höfe und Straßen der Stadt.

◀ **Ein kunstvoll dekoriertes Portal** ziert das Haus zum Walfisch, das sich der Generalschatzmeister Kaiser Maximilians 1514–16 als Wohnhaus baute. Auch der Humanist Erasmus von Rotterdam wohnte hier kurzfristig.

DER SÜDLICHE SCHWARZWALD UND FREIBURG

Bootsanleger am Titisee

◀ **Der Titisee** ist einer der größten Mittelgebirgsseen Deutschlands und wichtiges Trinkwasserreservoir der Region. Er liegt auf einer Höhe von etwa 850 Metern und ist bis zu 45 Meter tief.

| SCHWARZWALD

> Auf den blühenden Wiesen am Wegesrand ist manche Rarität zu finden. Moore, Feucht- und Nasswiesen bieten unterschiedliche Lebensräume für viele seltene Tier- und Pflanzenarten. Spezielle Erlebnispfade weisen auf die Besonderheiten hin.

WANDERER SIND ÜBERALL IM SCHWARZWALD GUT AUFGEHOBEN

▶ **Der Feldberg** bei sommerlichen Temperaturen – eine erholsame Oase

DER SÜDLICHE SCHWARZWALD UND FREIBURG

Blick auf Hinterzarten bei Nacht

Das Skigelände am Feldbergturm

Sessellift auf den Feldberg

◀ **Langläufer** vor verschneiter Tannenkulisse

| SCHWARZWALD

▲ ▶ **Der Resenhof bei Bernau** vermittelt Einblicke ins bäuerliche Leben. Es wird gezeigt, wie Menschen und Tiere unter einem Dach lebten und wie in langen Wintern (oben) das Schnefler-Handwerk den Alltag der Menschen bestimmte.

| SCHWARZWALD

◀ **Die längste Allwetterrodelbahn** Deutschlands steht in Todtnau. In 120 Rodelbobs brodelt der Winterspaß. Der Blick von der Bahn über den Ort ist wunderschön. Hoffentlich wissen die Rodler das zu würdigen. Auch im Sommer steht die Rodelbahn den Sportbegeisterten zur Verfügung.

▶ **Der Aufenthalt auf der Hütte** ist für viele Skiläufer eine willkommene Abwechslung. Hier sonnt man sich und knüpft Kontakte, was bei einem Schnaps aus den Brennereien des Schwarzwaldes besonders gut gelingt – und dann geht's wieder frisch gestärkt auf die Pisten und Loipen.

DER SÜDLICHE SCHWARZWALD UND FREIBURG

◀ **Die Herbstlandschaft** des Schauinsland zeigt sich als wunderschöne stille Bergwelt. Aber auch Nordic Walking, Biking und Rolling ist hier angesagt. Ebenso ist der Schauinsland ein ideales Gebiet für Lenkdrachen-Fans oder Gleitschirmflieger, die sich die wunderschöne Berglandschaft gern mal aus der Höhe anschauen.

▶ **Die „Schauinsland Klassik"** ist eine Oldtimer-Ausfahrt, an der sich etwa 120 historische Fahrzeuge beteiligen und die seit 2000 die Herzen der Veteranenfans erfreut. Die Veranstaltung basiert auf dem legendären, von 1925 bis 1984 durchgeführten Bergrennen auf einer 12 Kilometer langen Strecke mit 172 Kurven. Heute findet die Ausfahrt auf einer verkürzten Strecke statt.

| SCHWARZWALD

Das ehemalige Benediktinerkloster St. Trudpert im Münstertal wirkt wie aus dem Bilderbuch. Aus einer Einsiedlerzelle des irisch-schottischen Missionars Trudpert im Jahr 640 entstand später das erste rechtsrheinische Benediktinerkloster. Heute wird das Gebäude als Mutterhaus der St.-Josefs-Schwestern genutzt. Auch Gästehäuser stehen zur Verfügung.

DAS EHEMALIGE BENEDIKTINERKLOSTER ST. TRUDPERT

▶ Gewaltig stürzt der Todtnauer Wasserfall über mehrere Kaskaden 17 Meter in die Tiefe. Er gilt als höchster Naturwasserfall Deutschlands.

DER SÜDLICHE SCHWARZWALD UND FREIBURG

Haselhuhn im Naturschutzgebiet

◀ **Sommerliche Idylle** am Belchen: satte Wiesen und glückliche Kühe

| SCHWARZWALD

Mountainbike-Park Todtnau

Erlebnisseilbrücke im Steinwasenpark

Cassiopeia-Therme

▶ Das in Terrassen gebaute Kurhaus von Badenweiler, einem der traditionsreichsten Kurorte des Schwarzwaldes, versteckt sich hinter Blüten und Stauden. Im Hintergrund die mittelalterliche Burgruine der Zähringer

DER SÜDLICHE SCHWARZWALD UND FREIBURG

▲ **Blick auf den gotischen Chor des Freiburger Münsters.** Zahlreiche feine Strebepfeiler, Türmchen und Spitzen zeichnen den Bau aus.

◄ **Der 116 Meter hohe Turm** des Freiburger Münsters mit seiner durchbrochenen Spitze vor dem abendlichen Himmel. Im Vordergrund der kunstvoll gestaltete Erker des historischen Kaufhauses

► **Das romanische, giebelgeschmückte Eingangsportal** führt in eine Welt voller Kunstschätze.

▶ **Blick vom Münster** auf den Marktplatz mit dem historischen Kaufhaus. Im Hintergrund sieht man den Turm des Schwabentores.

◀ Das Schwabentor war in die mittelalterliche Wehranlage integriert und wichtiger Orientierungspunkt auf der alten Salzstraße.

| SCHWARZWALD

Schön ist das Leben in Freiburg! So nah an Frankreich kann man sich schon einmal an das savoir vivre gewöhnen.

CHILLEN IM ALTSTADTCAFÉ

DER SÜDLICHE SCHWARZWALD UND FREIBURG

DER BAUERNMARKT AUF DER NORDSEITE DES MÜNSTERPLATZES

Er offeriert immer frische Produkte aus der Region. Etwa 90 Bauern bieten hier ihre zwar nicht genormten, aber äußerst schmackhaften Erzeugnisse an, darunter auch alte Obst- und Gemüsesorten, die aus wirtschaftlichen Gründen sonst nicht mehr angebaut werden.

DER SÜDLICHE SCHWARZWALD UND FREIBURG

Prächtige Fassade des historischen Kaufhauses

◀ **Das Rathaus** mit den berühmten Freiburger Bächle davor. Vom Glockentürmchen des Neuen Rathauses erklingt täglich um 12 Uhr ein Glockenspiel.

Bildnachweis

Cover ©: oben: mauritius images/Andreas Vitting; unten: picture alliance/OKAPIA;
oben klein: picture alliance/dpa; unten klein: picture alliance/Bildagentur Huber

U4 ©: links: picture alliance/Bildagnetur-onlne/McPhoto-KPA; Mitte: Fotolia.com/Wieselpixx;
rechts: picture alliance/Eibner-Pressefoto

Dpa/picture alliance: 7 l., 12, 13, 14, 15, 16, 20, 21, 23, 25, 27.o., 30, 31, 40, 46, 47, 50, 51, 52, 54, 55 o., 58, 58/59, 60, 61 M., 64/65, 66/67, 74, 75, 77, 80, 81 o.r., 82/83, 83, 86, 87, 90, 92, 93, 94, 95, 98, 99, 106, 109 o.l., 110/111, 112 o., 113 u., 114, 117, 118 u.l., 118 u.r., 120, 121 o., 124, 125

Mauritius Images: 4, 6, 7 r., 8/9, 10, 11, 18, 19, 25, 26, 27 l., 27 u.r., 28, 29, 32, 33, 34, 35, 36/37, 38, 39, 41, 42/43, 43, 44/45, 48, 49, 53, 55 u., 56/57, 57, 61 o.l., 61 o.r., 61 o.l., 61 u.r., 62/63, 64, 68, 69, 70, 71, 72, 73, 76, 78/79, 79, 81 o.l., 81 u., 84, 85, 88, 89, 91, 96, 97, 100, 101, 102, 103, 104/105, 105, 107, 108, 109 u., 109 o.r., 110, 112 u., 113 o., 115, 116/117, 118 o., 119, 121 u., 122, 123, 126/127, 127

Pixelio.de/Freund: 22